Rafael Spregelburd

Heptalogía de Hieronymus Bosch I
La inapetencia
La extravagancia
La modestia

Ilustraciones de Isol

Edición al cuidado
de Jorge Dubatti

Adriana Hidalgo editora

la lengua / teatro
Serie a cargo de Jorge Dubatti

Editores:
Edgardo Russo y Fabián Lebenglik

Diseño de cubierta e interiores:
Eduardo Stupía y Pablo Hernández

© Rafael Spregelburd, 2000
© Adriana Hidalgo editora S.A., 2000
Córdoba 836 - P. 13 - Of. 1301
(1054) Buenos Aires
e-mail: ahidalgo@infovia.com.ar

ISBN: 987-9396-49-9
Hecho el depósito que indica la ley 11.723

Impreso por
Grafinor s.a. - Lamadrid 1576 - Villa Ballester,
en el mes de octubre de 2000
Ruff's Graph Producciones - Estados Unidos 1682 3º

Impreso en Argentina
Printed in Argentina

Prohibida la reproducción parcial o total sin permiso escrito
de la editorial. Todos los derechos reservados.

NOTA DEL AUTOR A LA PRESENTE EDICIÓN

El proyecto de la Heptalogía tiene su origen en un encuentro fortuito, un encuentro con un cuadro: la *Rueda de los Pecados Capitales*, de Hieronymus Bosch, que se exhibe en el Museo del Prado. Muy a la usanza de su tiempo, El Bosco pintó este cuadro no para ser colgado en una pared, sino para ser exhibido como una mesa. El visitante-espectador está así obligado a *recorrer* la pintura para poder verla derecha en cada una de las representaciones fabulosas de los siete pecados.

Esta actitud "activa" del espectador fue el primer detonante. El cuadro no se puede ver entero. Hay que fijar la vista en algún punto al azar dentro de él, luego elegir una dirección, rodearlo, girar alrededor de la obra hasta llegar nuevamente al punto de partida, con la tarea de reciclar la información y decidir qué es lo que se ha visto. Es un procedimiento formidable. Al habitual atentado del fondo contra la figura que tanto me ha gustado siempre en El Bosco (baste recordar *El Jardín de las Delicias*, donde uno no puede decidir dónde posar los ojos porque teme que lo mejor ocurre siempre en otra parte del cuadro), se sumaba con este "movimiento" otro procedimiento técnico que para mí está ligado íntimamente con el teatro.

La obsesión de traducir algunos aspectos técnicos del pintor empezó a hacer carne en mí. No hay grandes diferencias para mí entre "escribir" y "traducir". Traducir implica pasar un contenido que se expresa en un lenguaje determinado a otro. Siendo el lenguaje de origen y el de destino diferentes, existen en el corazón de cada uno de ellos operaciones técnicas y significantes completamente particulares. Escribir teatro es también traducir el lenguaje de las intuiciones, pulsiones, ideas, apariciones inesperadas, imágenes internas, etc. a un lenguaje que todavía no existe, pero que una vez terminada la pieza creará todas estas interrelaciones entre signos que constituyen lo que entendemos por lenguaje.

En medio del proceso de trabajo me topé con un cuadernillo valiosísimo, unas diez hojas que adjunto a esta edición. Se trata de cinco o seis apartados fascinantes escritos por Eduardo Del Estal. (Él mismo me regaló esta única edición casera cuando supo de mi obsesión por el asunto).

Lejos de explicar el *Significado* del cuadro (que es lo que se suele encontrar en las reseñas del Bosco), Del Estal apunta directamente a su *Sentido*. A partir de observaciones estrictamente geométricas (y por lo tanto, tan verdaderas como el mejor de los axiomas) elabora un discurso muy lúcido sobre la ley y la transgresión en la naturaleza viva del cuadro. Sobre esas observaciones fundé mi trabajo. Y en este libro pueden verse los primeros resultados de esa pesquisa.

El Bosco deja constancia inagotable de la caída de un Orden, pero al mismo tiempo su pintura es generada dentro de la desesperación de esa caída; de allí su complejo discurso moral. El orden medieval se fractura: Dios ha dejado de ser "el camino más corto entre un hombre y otro hombre", la Iglesia ya no es la fuente de la Ley, ahora nada está en su lugar, la anatomía del hombre convive con la del monstruo, y el caos amenaza ser eterno. Naturalmente, y aunque El Bosco no haya vivido para saberlo, esta crisis vuelve a cerrar en un nuevo orden formal: el del Renacimiento, con su nuevo sistema de leyes y transgresiones. Como señala Del Estal, cada época, cada orden cerrado es incapaz de enunciar la ley que le da sentido, porque esta ley coincide con el punto de vista, y el punto de vista es invisible. ("¿Por qué en el Medioevo nadie pinta a Dios de espaldas?", se pregunta Del Estal entre otras cosas).

Mi Heptalogía es personal, y lejos de reflejar la angustia del hombre de la Edad Media, intenta dar testimonio de la caída de otro orden –el Moderno, un orden que creíamos el nuestro– formulando las preguntas que acompañan a nuestra propia turbulencia. ¿Dónde está la desviación cuando ya no hay centro? ¿Es posible la transgresión cuando no hay ley fundante?

No en vano los siete pecados capitales (soberbia, avaricia, ira, lujuria, envidia, pereza y gula) han mutado en esta Heptalogía hacia otros órdenes morales, hacia una delirante "cartografía" de la moral, donde la búsqueda del centro constituye el motor de toda inquisición desesperada sobre el devenir.

Me propongo la incompletitud como horizonte. Un sistema de obras que se gritan y se interpelan, un orden que refiere a sí mismo a través de una intrincada red de gramáticas y referencias cruzadas, ocultas bajo la piel del lenguaje. Mejor expresado por el teorema de Gödel, que tal vez modifico en mi memoria: *"Todo sistema cerrado de formulaciones axiomáticas incluye una proposición inenunciable, indecidible, con los elementos de ese mismo sistema".*

La serie está escrita como si se apoyara en un diccionario que se hubiera perdido. Así veo yo al Bosco. En cada una de las fábulas morales sobre los distintos pecados, cada objeto parece estar elegido por la mano del enciclopedista: pondremos aquí un poco de heno, porque el heno es amarillo y entonces representa inequívocamente al oro, y allí una manzana, porque es símbolo automático de la tentación. Y aquí la llaga de Cristo, la "boca" por la que Dios habla con los hombres y pacta su ley. Sin embargo, el tiempo ha ido erosionando la significación automática de muchos símbolos, y el diccionario medieval es una incógnita. Ese misterio es mi llama. Ese vacío permite las operaciones lógicas del pensamiento. Tomemos la Soberbia: veo un lagarto, de pie, con cofia de encaje, que asoma detrás de un armario, para sostener un espejo frente a una mujer que se complace en contemplar su propio rostro, aunque la imagen devuelta por el espejo no coincide con el punto de vista de la mujer, sino que se orienta hacia una manzana que alguien ha olvidado en el vano de una ventana enrejada. Es decir: sé organizar lo que DEBO ver porque debajo El Bosco ha escrito "Soberbia". Entonces "veo" lo más parecido a lo que ya sé.

Pero veamos este otro ejemplo: un personaje de toga marrón tiene la cabeza incrustada en una mesita de noche de tres patas, su mano derecha se apoya en el corazón, con la izquierda (oculta) parece sostener una espada; en tierra, cerca del hombre, unos zuecos chinos, blancos, con tacos como agujas, desperdigados sobre el césped. Esto es la "Ira". ¿Dónde ha ido a parar el diccionario que explica los términos de esta representación moral? ¿Cuál es la materia de lo narrado?

He escrito estas obras como si yo mismo hubiera extraviado el diccionario de la modernidad. Entonces se produce para mí el fenómeno buscado: el extrañamiento. Son también obras profundamente morales, y al igual que El Bosco, me he encargado de ponerles título: *La Inapetencia, La Extravagancia, La Modestia*. Tres formas de la desviación, de alguna desviación, y por lo tanto, de alguna ley. No hay broma en la elección de los títulos. No hay ironía. No "quieren decir" lo contrario de lo que dicen.

Mis planes son desmedidos: imagino que el juego completo de las siete piezas (independientes entre sí pero llenas de citas como fuegos cruzados) se puede representar en una misma ciudad en siete salas distintas, o mejor aun: aprovechar la coincidencia numérica y montar una obra por cada día de la semana. El orden en que el espectador elija verlas incide en su cosmovisión, y por lo tanto retoca su visión particular de cada una de ellas. Del mismo modo que el cuadro de Bosch debe ser "recorrido" para ser visto. Además, las fugas "inútiles", el material despreciable de una de ellas es fundamental para la legibilidad de otra, y así sucesivamente.

Todos sabemos lo arduo que es montar una obra: el teatro es cada vez más difícil. Por eso me he propuesto no una, sino siete. Con la esperanza íntima de que será más fácil. Y hasta ahora, la desmesura de la propuesta ha venido cumpliendo con esta expectativa. Las obras mesuradas han dejado de interesar.

Rafael Spregelburd

"LA TABLA DE LOS PECADOS", DEL BOSCO*

Breve introducción descriptiva

La tabla de los siete pecados capitales es una obra de juventud del Bosco, pintada entre 1475 y 1480.

Según una usanza común en los países germánicos, no se trata de un cuadro vertical sino de una mesa pintada.

Sólo en la representación del Infierno encontramos los primeros indicios del original estilo e imaginario que caracterizaría la obra posterior del Bosco.

Las representaciones de los tres restantes "NOVÍSIMOS (actualizaciones) TEOLOGALES": Muerte, Juicio y Paraíso, y el gran ojo central, se atienen a la tradición retórica de las alegorías medievales.

Dos viñetas contienen citas bíblicas correspondientes al capítulo 32 del Deuteronomio:

Superior:
Él es la Roca, sus caminos son justos y rectos.

Inferior:
Yo doy la muerte y la vida, y no hay nadie que se libre de la espada de mi Justicia.

En la pupila del ojo está escrito:
Dios te ve.

---

* Se respetan las mayúsculas tal como aparecen en el original.

Alrededor del ojo central se organiza el círculo de los Pecados, representados por escenas llanamente costumbristas de la vida y el ambiente cotidiano de Flandes.

Tres de los pecados están representados en interiores, en espacios cerrados: Soberbia (una mujer contémplandose en un espejo que le ofrece un demonio), Gula (un banquete brutal) y Pereza (un personaje sentado laxamente junto a una estufa que se muestra indiferente ante una figura femenina que le presenta una Biblia y le ofrece una llave).

Otros tres pecados se representan en espacios abiertos, exteriores: Ira (dos personajes en combate y una figura femenina que trata de detenerlos), Lujuria (un jardín galante con varios personajes, entre ellos un bufón -o un loco- a punto de ser apaleado; sobre una mesa una fuente con manzanas) y Avaricia (prestamistas con sus libros de cuentas.)

Y un último pecado, Envidia representado en un espacio mixto (personajes rodeados de huesos pelados miran a otro, ubicado en la calle, cuyo siervo carga una bolsa con el probable resultado de una cosecha abundante).

En el centro de la pupila encontramos la figura de Cristo con los estigmas de la Pasión, señalando "la boca de la herida" de su costado.

Dentro del sistema teológico, a los siete pecados se contraponen siete Virtudes[1]:

-Cardinales: FE, ESPERANZA, CARIDAD.

-Teologales: JUSTICIA, PRUDENCIA, FORTALEZA y TEMPLANZA.

---

[1] Digresión: Raimundo Llull (místico catalán del siglo XIV) relata en una de sus fábulas morales: *Yendo la Fe sòla por un camino dio en encontrarse con los siete pecados. Sorprendidos de su soledad la Soberbia la interpeló:*
Pecado: "¿No tienes hermanos?"
La Virtud respondió: "El dolor que sufrirás será mi hermano."

Existía también una representación de los pecados capitales mediante un riguroso bestiario:

Pereza	Asno
Envidia	Basilisco
Gula	Oso
Ira	Serpiente
Lujuria	Cerdo
Avaricia	Leopardo
Soberbia	León

"La tabla de los siete pecados"

Lo primero que evidencia la obra es lo estático de la representación, constituida por una configuración extremadamente equilibrada de cinco círculos.

Cada círculo es una figura cerrada, aislada en sí misma; autónoma y autosuficiente.

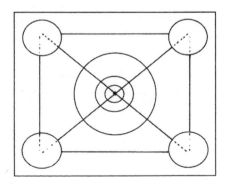

No hay tensión espacial; el resultado de toda interacción es cero. La desconexión sintáctica de estos "nodos" bloquean toda lectura, con lo que anulan toda temporalidad, porque la experiencia del tiempo, la persistencia de un yo, es el efecto de la continuidad de un lenguaje.

Esta desactivación del tiempo instaura a las imágenes como actualidades constantes, como presencias deshabitadas de toda historia. Ya entendamos a la línea como una extensión en el tiempo, o al tiempo como la rotura de toda simetría, resulta evidente que no hay sucesión, movimiento, entre los elementos de esta configuración. No hay trayectorias vectoriales; podríamos establecer una relación de sucesión entre muerte y juicio, o de oposición entre infierno y paraíso, pero cualquier intento de lectura de las diagonales, principales vectores dinámicos de un cuadro (como en la puesta en escena del teatro Kabuki donde los personajes antagónicos ocupan siempre los extremos de una diagonal), resulta imposible al resultar tragadas por el centro que actúa como un "agujero negro".

Sólo hay un movimiento de lectura en el círculo de los pecados, donde hay un desplazamiento de lectura que dada la posición originalmente horizontal de la tabla obliga al espectador a un recorrido real para poder contemplar cada una de las escenas.

Entendiendo el desplazamiento como vencer una resistencia, un liberarse del peso, un acto de voluntad, podemos atribuirle una referencia tangencial al libre albedrío.

Fundamentalmente resulta difícil comprender sobre qué espacio están representadas estas imágenes.

Obviamente no hay rastros de una perspectiva puntual, ni nos encontramos dentro de la topología medieval, que no concibe un espacio desustancializado, separado de los cuerpos.

Mirando estos elementos aislados y autónomos descubrimos que habitan una CARTOGRAFÍA.

Si se quiere, el mapa de una locura, una paranoia de un número extremadamente limitado de significantes para la totalidad de los significados, o bien, por su carácter lato de mapa, se muestra discontinuo con el espacio real, constituyendo un enunciado sobre él. Pero en este caso se trata de un mapa absoluto, el contemplador está incluido dentro de él.

Este espacio es más terrible que el tiempo, de este espacio no hay salida.

El dato visual más fuerte es la estabilidad de la configuración, la proyección de los radios de cada esfera convergen en el punto central, pero si prolongamos los radios de las líneas que separa cada pecado descubrimos que *son todos excéntricos.*

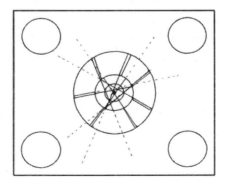

En esto se revela el enunciado sensible de la obra, el rigor geométrico, *el camino recto constituye la LEY. La desviación, el PECADO.*

Es la desviación del pecado lo que revela la LEY.
Queda descubierto el primer sentido profundo de la obra cumpliendo dos leyes de la percepción:
-Toda forma es resultado de un conflicto.
-Un significado no proviene de un signo sino de una relación de significantes.

La existencia de una Ley divina es lo que significa al pecado. El absurdo es el pecado sin Dios.

Pero la obra no se detiene en este punto.

Nos queda aún ese ojo central apremiante, no entendemos qué mira esa mirada que de por sí constituye la totalidad de lo visible. Esta cartografía pretende abarcar todo el espacio, el tiempo y la existencia de los seres.
Encierra todo lo posible y por lo tanto carece de cualquier exterioridad.
Su condición de sistema cerrado implica "la incompletitud", más precisamente lo que en matemáticas se conoce como el "teorema de la incompletitud" de GÖDEL, que enuncia:
Todo sistema cerrado de formulaciones axiomáticas incluye una proposición inenunciable, indecidible, con los elementos de ese sistema.
Por lo tanto hay un octavo pecado.

El mayor pecado, un pecado ilimitado que incumbe a todos los hombres: el asesinato de Jesús.

A través de la crucifixión de Cristo, Dios y los hombres se comunican Uno con los otros.

Comulgan, hablan a través de la boca de una herida (la herida señalada en la imagen central).

Comulgan por una herida deseada, premeditada por Dios, un Dios herido por la culpabilidad de los hombres, los hombres desgarrados por su culpa hacia Dios.

Esa llaga, ese crimen, es el lugar del encuentro.
Nuestra relación con Dios está asegurada por un crimen.
No hay diálogo, no hay comunión entre seres intactos, sólo hay comunicación entre seres desgarrados.

Consideraciones sobre el pecado

Si reparamos en la naturaleza de cada uno de los siete pecados advertimos que cada uno consiste en el exceso de una actividad natural.

El Bien es el predominio del futuro sobre el presente, un principio de conservación.

El Mal rechaza todo cuidado por el futuro, lo que lo ubica por debajo o por encima de lo humano; no preocuparse por el futuro es, en cierto modo, perder la razón.

Así se explica la imaginería del pecado como enfermedad y muerte en el alma.

Pero lo que en realidad identifica al pecado con la muerte es la posibilidad (el horror) de ser saciados.

En el pecado, el deseo tiene a la nada por objeto y eso lo convierte en sacrificio, le otorga un carácter sagrado.

Una experiencia mística es la ausencia de objeto, la disolución de una individualidad en lo continuo de lo viviente, y es destruyendo en sí o en otro la integridad del ser como se experimenta la sacralidad de lo continuo.

Sólo el medrar, el temer, el medir constituyen lo profano, la tibieza execrable que condena Jesús en el Evangelio.

Lo que define a un espíritu religioso es mantener el deseo ligado al pavor y el verdadero pecado quiere al Mal como a un más allá del sujeto.

Un pecado es siempre un acto segundo, una repetición, un retorno.

La primera vez sucede al azar, no tiene gravedad; sólo su repetición le da un carácter fatal.

Dos negaciones se convierten en una afirmación.

Para el pecado es necesaria la fe, la certeza de hacer el Mal; sólo así el pecado es la ceremonia del destino.

Sobre la ley y el juicio

El círculo de la Ley es el siguiente:
Es preciso que haya transgresión para que haya límite, y el límite, en la medida que es infranqueable, crea el deseo.

La Ley se revela como lo que es, no tanto el mandamiento que se sanciona con la muerte, sino la muerte misma.

Muerte de la que el deseo no se aparta, sino que se la propone, para que esta muerte sea aun una muerte deseada.

La Ley mata. Matar es su horizonte.

Mata a quien no la observa y observarla es morir.

Sólo quien ama a la muerte vuelve vana a la Ley, y éste es el significado de la GRACIA.

El Juicio es el sentido, la forma final del mundo.

Cuando a todo significante le corresponda un significado será el fin del mundo.

Siendo seres finitos adquirimos en el pecado una deuda infinita, que nos desaloja de lo real. La Culpa es la angustia que refuta lo posible. La doctrina del Juicio Final implica un aplazamiento ilimitado, una sentencia siempre diferida, lo que establece una relación torturante entre el cuerpo y lo eterno.

Lo existente, lo individual, se vincula con lo infinito a través de una culpa interminable.

Es necesario que el deudor sobreviva si su deuda es eterna.

El tiempo es una dimensión de angustia, en tanto vivimos al tiempo como una postergación del Juicio.

Eduardo Del Estal

Heptalogía de Hieronymus Bosch I

I
LA INAPETENCIA

Personajes:

SEÑORA PERROTTA
MARIDO
UN EMPLEADO
SARA
VIRGILIO
UN GITANO
MAGALÍ
ROMITA
LEILA

ESCENA 1

MARIDO y SEÑORA PERROTTA *sentados a la mesa. Comen poco, o han terminado de comer. Un televisor encendido acentúa las pausas con su letanía de ozono.*

SRA. PERROTTA
    ¿Te conté lo de ayer?

MARIDO
    Creo que sí.

Pausa.

SRA. PERROTTA
    Creí que no te lo había contado.

Pausa.

SRA. PERROTTA
    Llegué cansada.

Pausa.

SRA. PERROTTA
    Anoche salí. Por eso quería saber si ya te lo había contado. ¿No pensaste nunca en adoptar?

MARIDO
Sí.

SRA. PERROTTA
Podríamos tener un hijo. Tener un hijo sin complicaciones. Últimamente pienso en adoptar.

MARIDO
Como quieras.

SRA. PERROTTA
Claro. El padre siempre prefiere tener un hijo, uno de verdad.

MARIDO
Me da lo mismo.

SRA. PERROTTA
¿Querés discutirlo? Después de todo, creo que soy la madre, y que tengo derecho a decir dos o tres cosas.

MARIDO
No me importa cómo sea. Puede ser adoptado.

Pausa.

MARIDO
Bueno. Decí lo que ibas a decir.

Pausa.

SRA. PERROTTA
Ya se me va a pasar. Me entusiasmé tontamente. Por un instante. La idea de la adopción, los trámites, todo eso. Cuando uno adopta, por ejemplo, puede elegir el sexo del chico. Podríamos tener una nena, qué bendición sería. Pensé que podríamos discutirlo.

MARIDO
Bueno.

SRA. PERROTTA
No, dejá. ¡Tengo un hambre!

MARIDO
No, si es que pensamos diferente hay que hacerle frente. En algún momento. Algo en lo que yo pienso que sí y vos que no, y eso. No estoy de ánimo como para postergar nada.

SRA. PERROTTA
Qué excentricidad. No quiero llegar a un divorcio.

MARIDO
No es necesario tanto. No exageres. Una pareja debe necesariamente discutir ciertas cosas. Es normal. Aunque sean dolorosas, digo. Después de todo estamos hablando de adoptar un hijo y no de la guerra de Bosnia, ¿no?

SRA. PERROTTA
Dijiste que te daba lo mismo.

MARIDO
No. Dije que estaba bien. Incluso admití que muchas veces pensé en adoptar.

SRA. PERROTTA
¿Entonces? ¿De qué estás hablando?

Pausa.

MARIDO
Bueno, me pareció una discusión posible.

SRA. PERROTTA
Sí.

Pausa.

SRA. PERROTTA
¿En Bosnia o en Servia?

Pausa.

SRA. PERROTTA
Perdoname. Entonces estamos de acuerdo y podemos adoptar.

MARIDO
Sí.

Pausa.

MARIDO
    ¿No te quedaste con hambre? ¿Qué dijiste?

SRA. PERROTTA
    Me comería un niño de Dios.

MARIDO
    Puedo preparar unos fideos. O un poco más de omelette.

SRA. PERROTTA
    No, dejá. Comí demasiado.

MARIDO
    Yo también.

SRA. PERROTTA
    Eso es Yugoslavia, ¿no?

Pausa.

SRA. PERROTTA
    Hay naranjas.

MARIDO
    Mmh, qué bueno. Ex-Yugoslavia.

SRA. PERROTTA
    ¿Querés?

MARIDO
　No, no, está bien. Después me compro un chocolate.

SRA. PERROTTA
　Hay.

MARIDO
　Mmh.

Pausa.

SRA. PERROTTA
　¿Cuándo pensaste en adoptar?

MARIDO
　Pienso en muchas cosas.

SRA. PERROTTA
　¿Cuándo?

MARIDO
　Y entre esas cosas me imaginé esta casa con uno o dos chicos, de contextura pequeña. Menuditos. Que van al jardín, que se reciben, que nos cuidan cuando estamos viejos. Y que nos dan de comer.

SRA. PERROTTA
　Yo todavía soy joven.

MARIDO
　Claro. También pensé en otras cosas.

SRA. PERROTTA
   Vos tendrías que hacer algún deporte. Tenis, alguna cosa. Por eso pensás tanto. Porque no hacés nada útil.

Pausa.

MARIDO
   ¿Vas a salir?

La SEÑORA PERROTTA *lo mira sorprendida y en silencio. Luego de un rato:*

SRA. PERROTTA
   Voy a salir. Salgo. Muy bien. Salgo.

ESCENA 2

La SEÑORA PERROTTA, *en una oficina.*

UN EMPLEADO
¿Quiere sentarse?

SRA. PERROTTA
Me da lo mismo.

UN EMPLEADO
¿Usted quería verme?

SRA. PERROTTA
Sí. Fíjese esta boleta. Es de ustedes.

UN EMPLEADO
Sí.

SRA. PERROTTA
Bueno, eso.

UN EMPLEADO
No entiendo.

SRA. PERROTTA
Entiende perfectamente bien.

UN EMPLEADO
(Cierra la puerta.)
Me dijeron que hizo un escándalo en ventanilla. Pero esta boleta es correcta.

SRA. PERROTTA
¡Ya sé que es correcta! Démela, por favor, no vaya a ser que se pierda. *(La guarda en la cartera.)*

Pausa.

UN EMPLEADO
¿Y bien?

SRA. PERROTTA
Eso. Aquí estoy.

UN EMPLEADO
No hubo sobrefacturación, la dirección coincide, su nombre es correcto... usted es la Señora Perrotta.

SRA. PERROTTA
No importa mi nombre. Prefiero el anonimato, en estos casos.

UN EMPLEADO
¿En qué casos?

SRA. PERROTTA
No lo haga más difícil. Yo ya sé quiénes son ustedes, y entonces usted ya debería saber lo que quiero.

UN EMPLEADO
  ¿Nosotros?

SRA. PERROTTA
  No voy a hablar más. Si estuviera equivocada ya me podría haber echado a la calle. Quiero experimentar. Sé que aceptan nuevos miembros.

UN EMPLEADO
  ¿Por qué no dice lo que quiere?

SRA. PERROTTA
  No, no voy a hablar más. Por pudor. Espero que me diga qué debo hacer. Supongo que no tendrán el lugar acá mismo, en la oficina.

UN EMPLEADO
  ¿Quiere un café?

SRA. PERROTTA
  Sí.

UN EMPLEADO
  (Llama por conmutador.)
  Sara. *(Se sienta con los brazos cruzados sobre el escritorio y la cabeza apoyada sobre los brazos.)*

Pausa.

SARA
  Hola.

SRA. PERROTTA
Hola.

SARA
Yo soy Sara.

SRA. PERROTTA
Encantada.

Pausa.

SARA
Bueno, ¿y?

UN EMPLEADO
No sé. Ella...

SRA. PERROTTA
No es fácil para ninguno de los tres hablar de esto. Lo cual me tranquiliza un poco. Venía con mucho miedo. Yo soy una mujer normal. Como todos ustedes, supongo. Yo vivo con mi marido. Y mi familia. Y a veces salgo de casa. Tengo amigas. También son normales. Todos tenemos pudor. Mis amigas también están casadas, y a veces les han sido infieles a sus maridos. No hemos tenido sexo grupal. Mi marido es un poco reacio. Perdonen, pero alguien tenía que empezar a hablar de esto.

SARA
No, por favor, siga.

SRA. PERROTTA
Sin embargo, somos muy independientes. Y también criamos a nuestros hijos con mucha independencia, para que ellos elijan lo que está bien y lo que está mal. Además, cuando se trata del deseo...

SARA
Del sexo, dígalo, no hay problema.

SRA. PERROTTA
Sí, de eso. Uno no puede afirmar: esto está bien, esto está mal.

UN EMPLEADO
¿Cuántos hijos tiene?

SRA. PERROTTA
Sí. Hay datos que mejor no... En caso de que... ustedes entienden. También puedo ahora mismo agarrar mi bolso y salir por esa puerta tal como entré, y nunca nos hemos visto. Yo ni siquiera sé cómo se llaman ustedes.

SARA
Sara.

SRA. PERROTTA
Eso dice usted. ¿La puedo tutear?

UN EMPLEADO
Su nombre está en la factura, señora Perr...

SRA. PERROTTA
No lo diga, por favor. No arruine la cosa. Un apellido es un apellido. Algunos apellidos ni siquiera son eso, son apellidos de casada, cosas de otros.

SARA
Seamos pacientes. ¿Qué es lo que quiere decir?

SRA. PERROTTA
Yo sé que aquí organizan... esas prácticas...

SARA
¿Sadomasoquistas?

Pausa.

SRA. PERROTTA
Mis amigas han tenido sexo entre ellas, incluso con desconocidos y desconocidas. Y lo hemos discutido mucho. Cuando nos reunimos a charlar. Y está bien.

SARA
¿Y ellas le dijeron que venga aquí?

SRA. PERROTTA
Yo hubiera preferido venir con mi marido. Pero él no quiso. Seguramente le da vergüenza. Le da vergüenza estando yo presente. Ya hace tiempo que no mantenemos relaciones normales. Uno nos ve de afuera y puede pensar que somos un matrimonio muy feliz. Hoy tuvi-

mos una discusión terrible, durante el almuerzo. Hablamos de temas dolorosos, de cosas de muchos años. Él insinuó que yo me avejentaba mucho más rápido que él. Y es cierto. Él hace deporte, incluso supongo que mantiene una vida sexual muy activa, extramatrimonialmente, claro. Yo, en cambio, no hago nada. Salvo las reuniones con mis amigas.

SARA
 ¿No trabaja?

SRA. PERROTTA
 Trabajaba. Pero después quedé embarazada del primero y tuve que dejar, después vino el segundo, más rápido de lo que yo pensaba, y ustedes se imaginarán. Me fui quedando en casa, salvo las reuniones con mis amigas. Magalí, Romita. Quiero probar el sexo duro, quiero que me aten a la mesa y me muerdan el sexo. Quiero vestirme de cuero y empuñar el látigo. Quiero disciplinar a hombres y mujeres, con y sin dolor. Tengo muchas fantasías al respecto.

SARA
 ¿Desde cuándo?

SRA. PERROTTA
 Ah, buena pregunta.

UN EMPLEADO
 ¿Quiere un vaso de agua?

SRA. PERROTTA
Sí. Por favor.

UN EMPLEADO
(En el conmutador.)
Virgilio.

SRA. PERROTTA
¿Y usted? ¿Tenés familia?

SARA
Sí, vivimos en las afueras, camino a Ezeiza.

SRA. PERROTTA
Sí. Mi casa no es gran cosa, de todos modos, pero nos alcanza por ahora.

Entra VIRGILIO.

UN EMPLEADO
Ah, Virgilio, pase, pase.

SRA. PERROTTA
Hola.

UN EMPLEADO
Bueno, nosotros mejor los dejamos un segundo. Cualquier cosa que necesite nos llama. Vamos a estar al lado.

SARA
Chau, hasta luego.

SRA. PERROTTA
Chau, Sara. Hasta luego.

UN EMPLEADO
Nos vemos enseguida.

Salen SARA *y* UN EMPLEADO. VIRGILIO *queda parado, frente a la* SEÑORA PERROTTA, *sentada en su sitio.*

SRA. PERROTTA
Así que Virgilio, ¿eh? Me han hablado mucho de usted. Quizás ya haya conocido a mi marido. Es un señor muy amable, de unos cuarenta y cinco años. Anteojitos. Un metro setenta. Muy elegante en el vestir. Justamente esta mañana me dijo: "Si lo ves a Virgilio, o si te lo presentan, dale mis saludos y decile que le conseguí lo del otro día". No, "que lo del otro día quedó en casa de Horacio". Horacio es un amigo de él, que tiene una casa quinta cerca de Lomas. Él va mucho ahí porque tiene la cancha de tenis. Bueno, supongo que usted ya sabrá quién es Horacio, ya se conocerán todos, ustedes, digo. ¡Y cómo! Yo no sé si podría pasar una semana ahí... no sé... siendo la primera vez, quizás fuera mejor un fin de semana largo. Ahora en junio hay dos fines de semana largos. Yo digo, por el tiempo. Como durante la semana trabajo en escuelas. Es para probar, ¿no? Quizás no me guste nada. ¿A mi hijo mayor lo conoce? Debe haber estado alguna vez, acompañando a mi marido. Yo hace tiempo que no hablo mucho con él. Tontamente. Nos fuimos separando, digo. Como toda madre, supongo que lo juzgué mal,

me metí con cosas que no tenían nada que ver conmigo. Bueno, esa manía de los padres de hacerse cargo de la moral de sus hijos. Como si no fuéramos todos seres independientes, ¿no? Pero con los hijos es más difícil. Tengo dos varones. Al menor no creo que lo conozca. Nunca. Ojalá jamás los hubiera tenido. ¿Usted no tiene hijos, no Virgilio? ¿Usted está esterilizado? Perdone que lo pregunte, no tiene nada que ver, pero se me acaba de ocurrir que de alguna manera está relacionada esta pregunta con otras que sí tienen que ver con el asunto, y que sería descortés preguntarle de entrada por cosas mucho más atrevidas, o detalles de todo eso. Bueno, igual, si algún día decide tener un hijo y no puede, digo, siempre le queda la otra opción. *(Pausa larga.)* Siempre hay otra opción, Virgilio. *(Apagón.)*

ESCENA 3

La SEÑORA PERROTTA *en una plaza. Un* GITANO.

UN GITANO
 Hola.

SRA. PERROTTA
 Hola.

UN GITANO
 Deme la mano.

SRA. PERROTTA
 Se la doy, joven, se la doy.

UN GITANO
 Hay un futuro claro, lleno de caminos que van y vienen, deseos y fantasías, veo un cerdo, un cerdo orejón y entrañable en una encrucijada de su vida, y una decisión inteligente y madura. Vivirá cien años, mil años, tanto como quiera siempre que no se engolosine. Es una mujer profunda. ¿De qué signo es?

SRA. PERROTTA
 No importa, venga, siéntese acá y siga hablando, que me hace mucho bien.

UN GITANO
> Le advierto que son mentiras.

SRA. PERROTTA
> Ya sé. Voy a pagarle igual.

UN GITANO
> Muy bien. ¿Qué quiere oír?

SRA. PERROTTA
> Hábleme de lo feliz que seré con mi hijita Leila.

UN GITANO
> ¿Es aquélla?

SRA. PERROTTA
> La de la hamaca. ¿No es preciosa? A veces no sé si seré feliz con ella. La veo y la desconozco.

UN GITANO
> Sí. Preciosa. Leila será protestante. Pondrá una agencia de turismo. Serán muy felices juntas.

SRA. PERROTTA
> ¿Protestante?

UN GITANO
> Ahora, sólo porque es su hija, se hamaca feliz como un péndulo en la creencia de que un mismo dios la une a sus padres. En el colegio secundario, un martes veinte, en unos

pocos años, una profesora con apellido español le habla de Lutero. Leila va compulsivamente a su manual de historia. Encuentra datos incompletos, sueltos, una reseña estudiantil de la Reforma. Una reseña inexacta. Sin embargo, la fiebre empieza ese martes. Una sed de saberlo todo la arrastra a buscar más información. Estudia alemán con una beca que le consiguen usted y su marido.

SRA. PERROTTA
¿Mi marido?

UN GITANO
Sí. Lee directamente de las fuentes. Y se convierte. Esto no la transforma en un monstruo, de ninguna manera. Sus actividades, sus afectos, sus gustos musicales no se ven afectados en nada. Pero abraza fuertemente la causa, y encuentra en ello la felicidad.

SRA. PERROTTA *(Con lágrimas en los ojos.)*
Gracias.

UN GITANO
¿Se puso mal?

SRA. PERROTTA
Sabía que eran mentiras, pero lo que no sabía era que me iba a dar cuenta tan pronto. Le regalo a Leila.

UN GITANO
¿A la chiquita?

SRA. PERROTTA
 Llévesela. Yo no la quiero.

UN GITANO
 ¿De verdad?

SRA. PERROTTA
 Ésa, la que se está hamacando. Críela como a usted le parezca, como crían los gitanos a los chicos. Yo no puedo estar en todo. Agárrela, antes de que se dé cuenta de que me estoy yendo y quiera venirse conmigo a casa, como un perrito. Vaya, agárrela. No le cambie de nombre, por favor. Se llama Leila. Póngale su apellido, si quiere. Lo mismo le hubiera pasado al casarse, pobrecita. Pero no deje de llamarla Leila. Su nombre es lo único que es. Y no es nada tonta, y ya responde a ese nombre cuando se la llama. Adiós.

ESCENA 4

La SEÑORA PERROTTA *en casa de* ROMITA. MAGALÍ *también está con ellas, sentadas alrededor de una mesa con masas de crema.*

MAGALÍ
¿Vieron que ella le dice que sí siempre que sabe que a él no le importa? Así lo mantiene siempre irritado. Cuando a él sí le importa, le dice que no. O peor, no le dice que no de frente. Le dice: "bueno, no sé". Gira la cabeza, o mira para otro lado. Se hace la que piensa en otras cosas. No dice nada. Lo tiene en una mano. Ella hace bien. Si lo dejara en paz, él haría con ella lo que ella está haciendo con él.

SRA. PERROTTA
¿Qué está haciendo?

MAGALÍ
Eso, le está haciendo.

SRA. PERROTTA
Bueno, él se lo merece. ¡Qué ricas se ven esas masas!

MAGALÍ
Sí, ricas.

ROMITA
Sí. Las trajo Magalí.

MAGALÍ
Son de abajo.

ROMITA
Abajo tienen cosas muy ricas.

SRA. PERROTTA
Sí, ricas.

Pausa. Nadie come.

ROMITA
¿Viste a Virgilio?

SRA. PERROTTA
Sí. Lo vi.

ROMITA
No hagas caso.

MAGALÍ
Habla por hablar.

ROMITA
¿Qué decís?

MAGALÍ
Yo sé.

ROMITA
   Bueno. Vos sabrás.

MAGALÍ
   Lo que dice no tiene ninguna importancia. Hay que tomarlo como lo que es.

ROMITA
   ¿Y qué es?

MAGALÍ
   Eso.

ROMITA
   Sí.

Pausa.

SRA. PERROTTA
   No estaba pensando en eso.

Pausa.

MAGALÍ
   Entrepierna. Virgilio.

SRA. PERROTTA
   Estaba en la plaza, vino una chica joven y me pidió si no le veía la nena, que estaba en una hamaca.

ROMITA
Siempre hacen lo mismo.

SRA. PERROTTA
Pasó un gitano y se la di.

Pausa.

SRA. PERROTTA
Hoy tuvimos una discusión terrible. Estaban los chicos, escuchando todo. Eso fue lo peor.

ROMITA
Sí, siempre hacen lo mismo.

SRA. PERROTTA
Así que me fui dando un portazo. Él decía que yo no sabía cómo criar a los chicos, que me pasaba todo el día en casa sin importarme nada de ellos. Yo no me meto con ellos, que no es lo mismo. Somos como extraños, ¿no? En la misma casa.

Pausa.

ROMITA
Venía por la calle y vi una cosa. Se las voy a contar. Era un paralítico. Le faltaba una pierna. Era imposible mirarlo a los ojos, les juro. Y no podía dejar de hacerlo. Lo impresionante no era la falta de la pierna en sí, la pierna ausente no era fea, sino el lugar en que empezaba a faltar

la pierna. ¿Se entiende? No la falta, el lugar, el límite de la falta. El borde.

MAGALÍ
El muñón.

ROMITA
Claro. Retorcido. No era una ausencia impune. Ni honesta. Hay faltas que son más elegantes. ¿No comen? Hay cosas que faltan, hay chicos con hambre, hay todo eso, yo no digo que no. Pero lo feo son los muñones.

Pausa.

MAGALÍ
Cuántas cosas que piensan ustedes. Yo estoy como atontada.

ROMITA *ríe.*
La SEÑORA PERROTTA *ríe.*
ROMITA *ríe.*
MAGALÍ *ríe.*
Después, silencio.

ESCENA 5

La SEÑORA PERROTTA *en casa.* LEILA, *una chica de unos veinte años, frente a ella.*

SRA. PERROTTA
Por lo menos esperá a que venga tu padre, Leila.

LEILA
¿Para qué?

SRA. PERROTTA
Para hablarlo con él.

LEILA
Es lo mismo.

SRA. PERROTTA
Tuve un día difícil, no me lo compliques más. Lo tengo todo agarrado con alfileres.

LEILA
Un día difícil.

SRA. PERROTTA
¿Comiste algo?

LEILA
Sí.

SRA. PERROTTA
¿Seguro?

Pausa.

SRA. PERROTTA
Mirá, Leila. Yo me voy a sentar acá, mientras llega tu padre.

LEILA
Hacé como quieras. Yo termino de preparar mis cosas y salgo.

SRA. PERROTTA
Bueno. Vos sabés que yo nunca me metí en tu vida. Ni en la de tus hermanos. Que los eduqué como pude. Cuando te quisiste hacer el tatuaje, ¿qué dije yo? Ni mu, dije. Ahí está. El tatuaje. ¿Cuánto tardaste en arrepentirte?

LEILA
Me podrías haber avisado que me iba a arrepentir.

SRA. PERROTTA
Sí, chiquita, podría, pero es el poder de la moda, el poder de la moda sobre los jóvenes, que los encandila, lo quieren todo, los jóvenes.

LEILA
Pudiste haberme salvado el seno que me terminé extirpando.

SRA. PERROTTA
Está bien que me reproches, está bien. Hacelo.

LEILA
No, si es para complacerte, no.

SRA. PERROTTA
Mala. Vos querías el tatuaje. Después quisiste acelerar las materias del bachillerato, te quisiste meter todo junto en la cabeza, no privarte de nada, y ¿cómo te fue?

LEILA
No sé.

SRA. PERROTTA
Claro que no sabés. Porque te recibiste en dos años.

LEILA
¿Y?

SRA. PERROTTA
Eso. Los chicos normales tardan cinco, seis años si hay caligrafía y salen técnicos. ¿Por qué a Yugoslavia?

LEILA
Piden voluntarios.

SRA. PERROTTA
Pero sos una nena, carajo. Una nena delicada y suave.

LEILA
Sí, pero es la guerra. Las guerras devastan los campos donde crecen miles de rosas delicadas y suaves.

SRA. PERROTTA
Pero eso es allá. Eso es Bosnia. Acá es diferente. Acá tenés Parque Lezama. Tenés la casa de Tía Olga.

LEILA
No soporto más.

SRA. PERROTTA
Esperá a tu padre, al menos.

LEILA
OK. *(Pausa.)* Tía Olga apesta. Sus fiestas apestan.

LEILA *se sienta. La* SEÑORA PERROTTA *manipula una mandarina. Lo hace con gran trabajo. La pela con cuidado y sin embargo lo hace mal. Sufre un poco. Se salpica. La deja a un lado. Apagón breve.*

Cuando vuelve la luz, el MARIDO *está también sentado junto a ellas.* LEILA *está como hundida en el sofá. La* SEÑORA PERROTTA *luce exhausta.*

MARIDO
Así que perdonarán mi falta de tacto, pero no esperaba

encontrar semejante situación familiar. Lo que me pasó fue intenso. Y es necesario que lo sepan. Tuve esa conferencia sobre traslado de grano y riesgos del seguro y terminé agotado. Se me hacían preguntas que no sabía responder. Y ustedes saben que soy un experto en la materia.

Pausa.

MARIDO
¿Comieron? Podemos pedir unas pizzas.

Pausa.

MARIDO
Quería despejarme. Fui hasta el circo Gustavo Rodó. Estaban desarmando la pista, había tres tipos cuando entré. Me entregué a ellos para que me sodomizaran. Yo sé, Leila, que esto pone fin a un montón de expectativas que vos pudiste haberte hecho acerca de nosotros, acerca de formar con nosotros una familia, una familia tipo.

SRA. PERROTTA
Una familia tipo son dos personas y dos hijos. Un hombre y una mujer. Un matrimonio y dos hijos.

MARIDO
Sí. Uno de ellos era el administrador. No les fue muy bien en la zona. Salían para Baradero. Después tomamos un café. A mí el café me da acidez, así que yo sólo miraba y oía. Tienen historias fascinantes, números con chan-

chos adiestrados. Hablamos del futuro. No sé. Puede ser que viaje con ellos. Después volvimos a la pista, y otra vez a las andadas.

SRA. PERROTTA
Escuchá. Leila se va de voluntaria a Bosnia.

MARIDO
¿A Bosnia?

SRA. PERROTTA
Yo le pedí que por lo menos te esperara a vos para decírtelo.

MARIDO
¿Pero eso no es la ex-Yugoslavia?

LEILA
Si la damos por acabada, es la ex. Si en cambio unimos las fuerzas de miles de jóvenes y salimos a sembrar esas rosas que aplastan los tanques, es la gran Yugoslavia, la patria, el jardín donde quiero que retocen mis hijos.

SRA. PERROTTA
Ingrata. No podrías ni amamantarlos como corresponde. Sos una caprichosa.

LEILA
No es la "ex"-Yugoslavia. Ustedes son mi ex-patria, yo me ex-patrio, escupo cada plato de comida que me han dado, recojo mis últimas cosas y me voy.

Sale. De vez en cuando se la ve pasar, juntando algunos elementos escenográficos, que se va llevando.

SRA. PERROTTA
¿Te vas a quedar ahí, viendo como se acaba todo?

MARIDO
Callate, ¿querés?

SRA. PERROTTA
Tengo hambre. Llamo a la pizzería.

MARIDO
Sí.

SRA. PERROTTA
(Disca un número en el teléfono.)
Hola, sí. Quería encargar algo para comer. Sí, una grande. *(Al* MARIDO.*)* ¿Le pido napolitana? *(El* MARIDO *asiente.)* Sí, eso. Una grande napolitana. *(Al* MARIDO.*)* ¿Querés fainá? Te estoy haciendo una pregunta.

MARIDO
Y sí, te dije, sí. ¿Cuántas veces querés que te diga que sí?

SRA. PERROTTA
Bueno, no te escuché. No, no es a usted. Es acá, en casa. Sí, dos fainás. A la familia Klein. Con "E". Es lo mismo. ¿Cuánto tarda? Bueno, lo más rápido que pueda, por favor. *(Al* MARIDO.*)* ¿Le pido que la corte? *(El* MARIDO

hace un visible gesto de fastidio, va a hablar y finalmente se cruza de brazos, enojado.) Bueno, gracias. *(Cuelga. Pausa.)* Qué hambre tengo. Y eso que comí a la tarde, en casa de Romita. Hizo panqueques con dulce de leche. Comimos como chanchas. Magalí me besó en la boca. Yo tenía dulce de leche en los labios y me besó en la boca.

MARIDO
¿Le dijiste que la corte?

SRA. PERROTTA
Me pareció que...

MARIDO
¿Le dijiste?

SRA. PERROTTA
Bueno, siempre viene cortada.

Pausa.

SRA. PERROTTA
También te podrías levantar un poco e ir a buscar un cuchillo.

MARIDO
Me acaban de romper el culo. ¿O sos idiota?

SRA. PERROTTA
Mirá, me tienen harta.

MARIDO
Tres. Uno era el administrador.

SRA. PERROTTA
Bueno, bueno, ya está, ya te entendí.

LEILA
(Entrando.)
Bueno...

SRA. PERROTTA
¿A qué hora sale el avión?

LEILA
No, sale dentro de una semana. Pero quería tener todo preparado.

SRA. PERROTTA
Prometé que vas a escribirnos.

LEILA
Claro.

SRA. PERROTTA
Hice traer unas pizzas. ¿Por qué no te sentás y las comemos entre todos?

LEILA
¿Alcanza para los tres?

SRA. PERROTTA
 Sí, claro. Viene cortada en ocho.

MARIDO
 ¿Le dijiste que te la traiga cortada?

LEILA
 ¿Alcanza? No los quiero joder.

MARIDO
 (Fastidiado.)
 Si tu madre te dice que alcanza, alcanza, así que te callás la boca.

LEILA *se sienta. Pausa.*

SRA. PERROTTA
 Además pedí dos fainás.

LEILA
 Mmh. Qué rico.

SRA. PERROTTA
 Sí, qué rico, ¿no?

LEILA
 Papá, estás sangrando.

El MARIDO *se pasa una mano sobre el alomohadón sobre el que está sentado. Puede haber, efectivamente, un poco de sangre.*

SRA. PERROTTA
¿De qué es la fainá? ¿Es de garbanzos, no? De harina de garbanzos. Qué rico.

Pausa.

SRA. PERROTTA
Ah, fui a pagar esa bendita boleta, hoy. Armé un escándalo. Me hicieron esperar como dos horas. Después me atendió una tal Sara. Hay que ir y hablar directamente con ella.

Suena el timbre.

SRA. PERROTTA
Deben ser las pizzas.

Nadie se mueve.

SRA. PERROTTA
¿Quién va?

Silencio. Vuelve a sonar el timbre.

SRA. PERROTTA
Ah, podríamos usar la caja de servilleta, así no hay que levantarse a traer platos. Una napolitana, le digo, que viene con las rodajas de tomate al natural, y el tipo repite "una napo", "una napo". Le pido una napolitana y repite: "una napo, una napo y dos fainás". ¿Qué es eso, me

querés decir? "Una napo, una napo". Te digo una cosa: ese tipo es un idiota. ¿Te vas a ir sola? ¿Cuándo, el lunes que viene, el martes, más o menos, salís de Ezeiza?

LEILA
No sé, mamá, no sé. Basta.

SRA. PERROTTA
Bueno, más o menos, como para saber. Ya me imagino leyendo tus cartas de Servia. Tus cartas, que guardo amorosamente en la misma caja donde guardo el seno tatuado. Las cartas y tu seno pequeño, las postales de Yugoslavia, los rosales arrasados. Por las noches, releo cada línea y me emociono como sólo una madre se puede emocionar. Una madre que lo va perdiendo todo. Y duermo, con tu seno y tus cartas bajo mi almohada, y entonces no estoy tan sola. Y sé que al día siguiente esperaré noticias, saber que estás con vida, esas cosas que sólo una madre entiende. Porque yo soy una madre. *(Suena un último timbre.)* Bueno. Qué apetito tengo. *(Pausa.)* ¿Quién va?

Apagón

II
LA EXTRAVAGANCIA

a Andrea Garrote

No se puede hablar sobre el sentido de la vida sin usar falsas palabras, términos inexactos. Pero no hay manera; acá se dio que se estableció un sistema solar que no se mueve más. Para que se mueva hace falta algo que lo destruya: es ésta la causa para inventar al ser humano. Pero esto se hizo sin ningún plan. Por lo tanto no podemos decir "estamos aquí para...". El plan de los poderosos se cumple no en virtud de los poderosos sino por nuestra manera de pensar en causalidades que siempre tiende a establecer sistemas de valores y a determinar sentidos. Toda la historia, las mitologías son resultado de estas cadenas planíficas de causas. Si destruimos entonces diversos fragmentos de este sistema, sacando de sus casillas al sistema gravitatorio, todo se desmorona.

Rainer Werner Fassbinder

Personajes:

Una sola actriz debe realizar los tres papeles: MARÍA SOCORRO, sentada a la izquierda de la mesa; MARÍA BRUJAS, sentada a la derecha de la mesa; y MARÍA AXILA, que aparece en el televisor, a lo largo de toda la obra.

Cuando se indique, el texto de MARÍA AXILA se escuchará más alto. De lo contrario, la imagen de MARÍA AXILA en el programa de televisión no tendrá audio, si bien su sugestiva gesticulación no podrá dejar de aludir a la extravagancia ya advertida en el título.

Una mesa con dos sillas a ambos lados. Un teléfono. Un televisor encendido. En él, vemos desde el principio la imagen de MARÍA AXILA.

MARÍA AXILA
(En la oscuridad, el televisor prendido es una llaga.)
Es en la Edad Media donde todo esto se resuelve. El bestiario medieval, cualquiera de ellos, da cuenta de la lógica del caso. Habiendo cuatro elementos, y existiendo animales de agua, de tierra y de aire, ¿por qué no habría de existir un animal de fuego? La salamandra, representada hasta el infinito como una lagartija entre las llamas, es necesaria para equilibrar el orden del universo. Para que el sistema siga en pie. Se decía que con cada crujido de los leños, cuando las chispas parecen un juego de pólvoras y carmines, nacía una salamandra, y que su vida duraba lo mismo que la fogata, y que su inteligencia era, no obstante, más aguda aun que la del hombre. Siendo tan efímera. Sin embargo, es el basilisco el animal que más nos interesa a los efectos de lo que vamos a describir. Se decía que era temible, y que su mirada era capaz de matar. Sólo podía matarse a un basilisco acercándose a él de espaldas, siguiendo su fétida mirada a través de un espejo de mano. Luego de darle muerte, el espejo

debía ser destruido, y los pedazos enterrados lejos de los gallineros. Porque se creía que el basilisco nacía en los gallineros. Se podía estar seguro de encontrar un basilisco cerca cuando una gallina ponía un huevo vacío. O mejor dicho, el huevo vacío, sin romper, era un signo evidente de que el basilisco ya había salido de él, inexplicablemente, atravesando la cáscara. *(La luz sube sobre* MARÍA SOCORRO *que observa durante unos segundos la imagen en el televisor.)* Del aspecto general del basilisco, nada sabemos. Hay muchas mentiras al respecto, y no es fácil separar la paja del trigo. Podría parecerse a una perdiz, o a un gusano. Pero sus ojos, sin lugar a duda, debían ser temibles.

MARÍA SOCORRO
(Finalmente aparta la vista del televisor, baja el volumen con el control remoto y mira al público.)
"Sos vos, Socorro, sos vos". Mi historia es sencilla. Somos tres hermanas, pero hace tiempo que dejamos de ser una familia. Espero que no les moleste, que los trate así. Digo, como público. Es provisorio. Si quieren les cuento. Esto que van a ver es verdad.

Apagón breve. Vuelve la luz sobre MARÍA SOCORRO, *en idéntica posición.*

MARÍA SOCORRO
Somos tres. Pero una, sabemos, es adoptada. Nacimos trillizas pero una de nosotras murió en el parto. Mamá estaba desconsolada, y no podía disfrutar de ninguna de nosotras sabiendo que siempre le faltaría una, no impor-

taba cuál. Fíjense que a mí no me hace precisamente feliz hablar de esto. Así que inició los trámites de adopción todavía desde la clínica. Había sido un parto muy difícil. Todo esto contado por papá, que también tuvo lo suyo. Mejor no tocar el tema. Así es que a los pocos días, éramos de nuevo tres bebas, en casa. Mamá y su marido tomaron la decisión y fueron inflexibles, adamantinos: nunca dijeron quién era la adoptada. Y nos quisieron a las tres por igual. Con un amor que apenas podría haber alcanzado para una sola. Nos llamaron María Socorro, María Brujas y María Axila. Yo soy Socorro, pero no tengo pruebas para decir que sea la primera. O la legítima. María Axila ha estudiado un poco de todo, y siempre fue muy buena en lo que se propuso. Así que teniendo en cuenta la vulgaridad de papá y mamá nosotras dos siempre sospechamos de ella. Ahora mismo tiene un programa en televisión. Enseña fonética, filología comparada, esas cosas.

MARÍA AXILA
(En el televisor.)
...por lo que, de todas maneras, la pregunta correcta sería: ¿quién habría de munirnos de semejante diccionario, un diccionario para explicar los símbolos del mundo, las pistas que el mundo da sobre todas aquellas cosas que nos son desconocidas? Ya hemos explicado de qué manera no hay ninguna vinculación lógica, ni mucho menos natural, entre el sonido de una palabra y su significado. Podemos tomar la letra "L", si se quiere, y analizar el mismo fenómeno. ¿Aparece la "L" en palabras que tengan que ver con un concepto "L", por así decirlo?

¿Existe una idea siempre presente en las palabras con "L"? Después de esta pausa haremos el intento. Así que no dejen de seguirnos, porque lo que nos proponemos es listar una gran cantidad de cosas que llevan el fonema "L" y ver qué pasa, qué nos pasa con eso.

Súbitamente, apagón. Inmediatamente después se enciende la luz sobre MARÍA BRUJAS, *sentada al lado opuesto de la mesa, y hablando por teléfono. El televisor permanece apagado.*

MARÍA BRUJAS
(...) Sí. (...) No importa, papá. (...) ¿Querías algo más? (...) Bueno, se lo voy a decir si llama, pero no creo que sea mi hermana. (...) ¿Y yo qué culpa tengo? (...) Ya no tenemos dos años, ¿no te parece? (...) Bueno, si llama se lo digo. (...) No, no pienso llamarla yo, no lo vamos a volver a discutir todo de nuevo. (...) Prefiero no hablarle. Llamala vos, entonces. (...) ¿Y a mí qué me importa si María no te quiere atender? Decile que es urgente y que la vida de alguna de las tres está en peligro. (...) Eso no te lo creo. Nadie se puede olvidar de algo así. (...) Habrán quemado las partidas de nacimiento, pero igual deberían acordarse de quién era la otra. Algo, no sé... La forma de sonreír cuando se nos daba la teta, algo, no sé, la mirada de súplica de un bebé. Eso es algo que no se olvida si se ha alimentado a un hijo, ¿sabés? (...) Sí, eso ya lo escuché, que mamá te hacía salir de la pieza cuando nos daba la teta. (...) Tendría sus razones. ¿Algo más? (...) ¿Cómo te trato? (...) ¿Perdonar? ¡Pero si no hay nada que perdonar, imbécil!

Corta, terriblemente exaltada. Se recompone. Inmediatamente después, se muerde las uñas. Mira el teléfono. Duda. Prende el televisor con el control remoto que está sobre la mesa.

MARÍA AXILA
(Exagera notablemente la pronunciación de la "L"; el plano es muy cerrado, prácticamente se ve sólo su enorme boca que ocupa toda la pantalla.)
"Landa", "Laguna", "Lago", "Laguito", "isLa", "Los isLeños"... e infinidad de ejemplos que hablan, evidentemente de la vieja hipótesis de que la "L" es Líquida y está presente en todos los conceptos que tienen que ver con el agua. "Lake", "LittLe Lake", "Lagoon", "Loch", "isLand", "the isLanders"... cambia el idioma, pero la presencia líquida de este fonema es innegable. Ahora, veamos qué pasa en las palabras "agua", "jarrita", "barco", "océano" y tantas otras que parecen querer refutar la idea de que...

MARÍA BRUJAS *baja el volumen con el control remoto. La imagen sin audio de* MARÍA AXILA *sigue en la pantalla.* MARÍA BRUJAS *toma el teléfono impulsivamente y marca un número.*

MARÍA BRUJAS
¿Socorro? (...) Sí, soy yo. Esperá, en serio, no cortes. Es importante. Me llamó papá... es decir, Armando... (...) ¿Cómo qué Armando? Armando Lafárrega. (...) ¡Hola, hola!

Le han cortado. Mira el tubo. Cuelga. Saca un cigarrillo. Se lo pone en la boca, sin prenderlo, y queda así unos instantes, con la mirada perdida. Después guarda el cigarrillo sin fumarlo, toma el teléfono y vuelve a discar.

MARÍA BRUJAS

Si serás hija de puta. No hay necesidad de que hables, y si no fuera por las estúpidas circunstancias... de las que me acabo de enterar... no te llamaría nunca más en mi vida. Sigo pensando que sos una perfecta idiota. Ni siquiera recuerdo tu número, y recién, para llamarte tuve que dar vuelta toda la casa para encontrar una agenda del 92 donde tenía anotado tu teléfono. Pensé que lo había tirado. (...) No, papá no me lo dio... Digo, Armando, está bien, no me lo dio. ¿Por qué preguntás eso? (...) A mí no me importa. Escuchá bien, porque es lo único que te voy a decir: parece que mamá agoniza, de una extraña enfermedad incurable. Que se transmite de madres a hijas. Legítimas, claro está. Hay que empezar a hacer quimioterapia, en caso que... digo, dos de nosotras. Así que sólo se va a salvar una, dijeron los médicos. Mamá y papá dicen que no se acuerdan quién era. (...) Dice que después de tantos años. (...) Ya lo sé. Cuenta una historia inverosímil de cómo quemaron las partidas de nacimiento. En la sopera de loza de la abuela, ésa que seguían guardando con las manijas rotas, que, ahora me vengo a enterar, se desprendieron en el fulgor de las llamas. (...) No, la clínica ya no existe, se quemó en el setenta. (...) No seas estúpida, claro que no fueron papá y mamá. (...) Que quieren vernos. (...) Que quizás si nos ven mamá se acuerde. Y que es cuestión de vida o muerte. (...) Cuanto antes. Así que si querés ir me llamás y te doy la dirección. (...) Me llamás y te la doy. (...) Es así. (...) Vas a tener que llamarme. (...) No me importa que no quieras llamarlo a él; vas a tener que llamarme a mí, por lo menos (...) Quiero ver si no me llamás porque no tenés mi número. (...) Ah, no, yo no pienso ir a esa maldita clínica. (...) Te lo estoy diciendo sólo porque Armando me pidió, y te aclaro que le dije que no iba a hacerlo. (...) ¡Como quieras!

Corta, enojada. Y sin transición, sube el volumen del televisor.

MARÍA AXILA
...por no hablar de los griegos, que ya se nos antojan como un ejemplo harto facilista para demostrar lo complejo de las relaciones amorosas, y de la identidad sexual, y del acto del amor y de su vinculación con la reproducción de la especie. ¿Qué es, si no, *El Banquete*? Estos griegos, preocupados por... *(Súbitamente alarmada por el descuido.)* Me refiero a la Grecia clásica. *(Pausa tensa, en la que sólo se debería oír un grave zumbido de ozono).* Es decir, que la pregunta es: ¿Por qué pensar que una familia es la mejor manera de organizar los cuerpos en el espacio?... *(Pausa).* Y por favor, que quede claro que me estoy remitiendo a un estudio de campo sobre ejemplos lingüísticos y que de ninguna manera se podría...

MARÍA BRUJAS *baja el volumen con el control remoto. Disca un número.*

MARÍA BRUJAS
(...) ... (...) Sí, estoy acá. Soy yo, Armando. (...) No, soy

Brujas. (...) Recién hablé con ella. (...) No, no importa. Ya me di cuenta que están más preocupados por ella que por mí. Y no soy ninguna tonta. Voy atando cabos. (...) No, no pienso ir.

Escucha largamente lo que le dicen por el otro lado, mira el tubo y corta. Se acurruca en la silla. Quiere llorar y no puede. Toma una tijerita, juguetea con un mechón de pelo, y casi sin ver, lo corta de un tijeretazo. Apagón.

Se enciende el televisor, solo.

MARÍA AXILA
...y de alguna manera, explicar todo lo que nos provoca asombro. Que no es lo que está en las palabras, sino lo que se les escapa. Yo busco devolver a las palabras su verdadero valor. Que es un valor de cambio. *(Pausa.)* Es singular el cuento ucraniano de las tres mellizas. Tres mellizas gemelas, tres actrices, dejan de trabajar juntas después de mucho tiempo de cosechar éxitos. Cada una de ellas sigue su destino, cada una de ellas se casa con un hombre honrado, y a cada una de ellas las trata la vida de manera diferente. La vida. Esa misma que había parecido ser sólo una para ellas, en el territorio siempre soleado de la infancia, de pronto se abría para mostrar los recodos más insospechados. A los diez años, vuelven a encontrarse en Moscú. Una ha vivido en el lejano oriente, ha aprendido artes que ignoraba, ha adquirido el color del heno en la piel y en los huesos. La segunda ha vivido en las montañas altísimas de la cadena del Cáucaso. Ha cantado entre sus felices habi-

tantes, y ha enterrado hijos y marido en guerras y con lágrimas. La tercera cree que su vida quieta, en San Petersburgo, en las orillas que lame el Báltico, es la única vida posible. Piensa de vez en cuando en sus hermanas. Y cree que todo está en orden, y por cierto no vamos a contradecirla en eso. Pero después de muchos años se reúnen en Moscú, al enterarse de la muerte del padre. Moscú es, en la estructura de nuestra historia, un eje neutro. Hacia Moscú parten las tres, es como si las viera.

Apagón. Cuando sube la luz, vemos a MARÍA SOCORRO *hablando por teléfono, y al televisor encendido pero sin audio.*

MARÍA SOCORRO

¿Y vos creíste lo de la sopera? ¿Por qué no vamos entonces a la clínica donde...? (...) ¿Quemaron la clínica, lo hicieron para que no se supiera cuál de todas era? (...) ¿Y ahora qué dicen, ellos? (...) ¿Y para qué quieren vernos, a las tres juntas? ¿No saben que eso es imposi...? (...) ¿Cuándo es la reunión? (...) Dame la dirección. (...) ¿Por qué no me la das ahora? (...) No me hagas perder tiempo, ¿querés? (...) ¿Qué querés, que lo llame a él, justamente, para pedirle la dirección del sanatorio? Pero, ¿vos te olvidás lo que pasó cuando...? (...) ¿Por qué? (...) ¿Tu número? Debo tenerlo, supongo que sí, igual, me parece una maniobra muy estúpida de tu parte. Si no te llamo, ¿qué le vas a decir a mamá cuando vayas, eh? (...) Ah. ¿No pensás ir? ¿Y para qué me llamás, entonces? (...) Entonces escuchá bien, m'hijita: le vas a decir a ese comemierda hijo de una gran puta que se meta sus advertencias endocrinológicas en el culo, de la misma manera que le sugerí que hiciera lo mismo cuando se apareció esa tarde después del colegio, me llevó aparte, donde nadie podía verlo y me dijo en el oído: "Sos vos, Socorro, sos vos". Ustedes comían helado, me acuerdo, yo las veía a la distancia, vestidas de lo mismo, el sol me nublaba los ojos, y eran dos puntos idénticos que chupaban helado, y a mí se me derretía el sambayón sobre el jumper. Y que por mí, se pueden morir, mamá, él y todas ustedes. (...) ¿Me oíste...? ¿Hola?

Le han cortado. Se dirige al televisor, mudo, y lo increpa.

MARÍA SOCORRO
Y vos también, mudita, idiota. Sólo espero que te mueras antes que nosotras dos, y que tengas un velorio sofisticado, y que tu entierro sea un desfile de capelinas, y que sea lejos, y que llueva. *(Corte. Al público.)* Sí, todo esto último son imágenes, imágenes generadoras de posibilidades. Soy escritora. Soy bastante buena. Soy best-seller. Ahora mismo estoy trabajando sobre una novela compleja. Entonces utilizo todo... *(Sube el volumen del televisor con el control remoto. El texto de* MARÍA AXILA, *cuyo principio ya hemos escuchado, se superpone con el de* MARÍA SOCORRO, *hasta el momento en que empiezan a alternar en el uso de los ejemplos, donde la enumeración de* MARÍA AXILA *se intercala con la descripción de movimientos que hace* MARÍA SOCORRO*).* Es decir, utilizo la irritación que siempre me provoca mi hermana, no sé si es mi hermana... esa inútil. No puede dejar de molestarme, de la misma manera que no puede dejar el cigarrillo. Yo soy fóbica al cigarrillo, como se ha-

brán dado cuenta por mis rasgos. Cuando María prende un cigarrillo, hace exactamente veintisiete movimientos inútiles de lucimiento personal... Llamo lucimiento personal a que, por ejemplo:...

MARÍA AXILA
(Superpuesto a MARÍA SOCORRO.*)* ...de la especie. ¿Qué es, si no, *El Banquete*? Estos griegos, preocupados por... *(Súbitamente alarmada por el descuido.)* Me refiero a la Grecia clásica. *(Pausa tensa, en la que sólo se debería oír un grave zumbido de ozono).* Es decir, que la pregunta es: ¿Por qué pensar que una familia es la mejor manera de organizar los cuerpos en el espacio?... *(Pausa.)* Y por favor, que quede claro que me estoy remitiendo a un estudio de campo sobre ejemplos lingüísticos y que de ninguna manera se podría hablar de juicio ético, al menos no como lo hacía Platón. Entonces: Uno: elongo los labios hacia afuera y hacia arriba... *(Lo hace.)*

MARÍA SOCORRO
...entrecierra los ojos, casi como si sedujera a un chancho al borde del tejado para que no se arroje...

MARÍA AXILA
Dos: estiro la punta de la lengua hasta los alvéolos del paladar, donde me apoyaré luego para el sonido líquido. *(Lo hace.)*

MARÍA SOCORRO
...se acaricia apenas el mentón con el canto del pulgar de

la mano que sostiene el cigarrillo, como si pensara algo, algo que evidentemente no ocurre nunca...

MARÍA AXILA
Tres: estiro los bordes móviles de la lengua hacia afuera, para hacer que la consonante resuene en toda mi boca usándola como un mortero... *(Lo hace.)*

MARÍA SOCORRO
...la mano que sostiene el encendedor juguetea apenas con él como si arremangara un miembro masculino firme y erecto, dispuesta a regalar placer...

MARÍA AXILA
Cuatro: me integro, me siento mi propio sonido, lo planifico en mí, lo siento como una proyección de mis líquidos vitales...

MARÍA SOCORRO
...frunce el ceño, acompañando la llama, como si reprodujera un temor primitivo, como si fuera una estúpida hembra en la caverna viendo caer el rayo que acaba con el bosque de sequoias...

MARÍA AXILA
Cinco: Hago la "ele", pero a esta altura no soy yo quien la hace, sino que es mi propia necesidad la que me grita "Libre", "Lucho", "Lamo"...

MARÍA SOCORRO
Odio ver fumar.

MARÍA AXILA
Seis: pasa un día, un día que se va, que se va en gestos como los que acabo de describir sumariamente. Si uno supiera dónde estará ubicada su propia tumba al morir, no logro imaginar la impresión de caminar por ese sitio. Rondar como un gato. En los pueblos chicos, las mujeres solteras no salen nunca de ciertos límites geográficos, y forzosamente saben que descansarán para siempre en un pedazo de tierra que queda tan cerca como la panadería, o la terminal de ómnibus. Pero eso pasa en los pueblos chicos, donde la vida es sencilla, en el orden cerrado de los pueblos chicos. Y hablo de pueblos que no conocen el mar, porque ahí el caso es completamente distinto. *(El televisor se apaga bruscamente.)*

Sube la luz sobre MARÍA BRUJAS, *que habla por teléfono, mientras se pinta las uñas. En la cabeza, un gorro de baño. Tiene una toalla sobre los hombros. Mechones de pelo por todos lados, y especialmente sobre la toalla.*

MARÍA BRUJAS
(...) Sí, ya sé que no fuiste, todavía. Mirá, lo siento mucho. (...) No, yo ya empecé el tratamiento. (...) Se me cayó todo el pelo. (...) ¿Para qué querés que nos veamos? (...) Va a ser peor. Además, ya ves. No creo que haya nada que nos una. (...) Mirá, te voy a cortar... (...) No, no estoy enojada. Quiero que entiendas que no me importa. No me importa nada de vos. Te voy a tener que cort... (...) ¿Cómo? (...) ¿Desde cuándo? (...) ¿Pero desde cuándo, digo, cuándo te diste cuenta de esos bultos bajo el brazo?
(Se palpa las axilas, sólo para comprobar que no tiene nada,

pero sigue muy inquieta). Eso no importa, decime cuándo te aparecieron los síntomas... *(Le cortan).* ¿Hola, hola!

Arroja el teléfono con fuerza. Vuelve a palparse, con desesperación, y no encuentra nada. Se sienta, con la cabeza entre las manos, observa los mechones de pelo caídos. De pronto repara en MARÍA AXILA, *en la TV, que habla –sin volumen– y con algunos gestos disimulados de dolor se toma el pecho, y hunde la mano en la axila, mientras sigue articulando fonemas, palabras, ejemplos.* MARÍA BRUJAS *se acerca al televisor, lo toca con cuidado, acaricia casi la imagen de la pantalla. El silbido del ozono. Luego se aparta bruscamente, va hacia la mesa, toma el control remoto, y lo apaga. Falla en el primer intento, falla en el segundo. En vez de apagarlo, le ha subido el volumen.*

MARÍA BRUJAS
Son ellas, son ellas dos.

Se acerca a la mesa, abatida y atrapada. Va a agarrar el teléfono. Ve el esmalte para uñas. Lo levanta, lee la etiqueta. Agarra el quitaesmalte, lo huele. Lee la etiqueta. Se lo toma de un trago. Se sienta. Espera. Toma un cigarrillo. Lo prende, mientras lo hace, realiza veintisiete movimientos innecesarios. Simultáneamente, oímos y vemos a MARÍA AXILA, *que ha empezado a hablar durante el equívoco con el control remoto.*

MARÍA AXILA
...que no es lo mismo que ocurre con el catalán, por ejemplo, respecto de las vocales. Hago una "O", la hago no sólo con los labios, sino también con eso que podríamos

llamar provisoriamente "el potencial afectivo inherente a la fonación". *(Hace una "O" con los labios, se oye una "O" muy larga).* Hago notar los cambios en la columna de aire, aire que proviene de mí, del hablante, de mi interior, pronuncio una frase breve: "tengO suerte", digo una vez más: "tengO suerte". Pido que no lo intenten aún, y que me observen, "O". Hablo en castellano y digo "O". Muy bien. Lo digo ahora en catalán: "tinc sOrt". Lo repito, les pido que no lo intenten: "tinc sOrt". Y llamo la atención sobre la columna de aire, idéntica, para el caso de la "O", quizás la más profunda de las vocales, la más vinculada a un estar de angustia o de recogimiento. Pero el catalán no se queda allí, y fíjense lo que pasa en esta frase: "Vaig a Barcelona a passar-hi un mes, peró encora no conec la ciutat"[1]. No conozco la ciudad. Digo: "conozco", y digo: "conec"[2]. ¿Qué pasa allí entonces con esta "O", que el catalán diría como "U", por ser átona? Es decir qué pasa conmigo, que la digo, no con el catalán, que sólo es un lenguaje, qué es lo que pasa conmigo. *(Se frota bajo los brazos con más fuerza.)* "No conec la ciutat". "No conec".

Apagón.
Sube la luz sobre MARÍA SOCORRO.

MARÍA SOCORRO
Sonó el teléfono cinco veces y dejó de sonar. Pensé que eras vos. (...) *(Corta, secamente.)*

---

[1] En fonética: /vach a Barsalona a pasári un mes, paró ancára no cunéc la siutat/
[2] En fonética: /cunéc/

El teléfono suena. Atiende. Escucha. Vuelve a cortar, seca.

El teléfono suena cinco veces. Lo deja sonar, mientras lee en voz alta la novela sobre la que ha venido trabajando.

MARÍA SOCORRO
"–Escucha, Frank. No puedo decir que no te ame también, sin embargo...
–Entonces cásate conmigo, Dwight.
–No obstante, Frank... formar una familia, eso que tú y todos llaman una familia...
–Olvida tu pasado, Dwight. Conmigo todo ha de ser presente, un presente de gozo. Debes renovarte, renovar tu alma, abandona tu pretérito, no te cierres al amor, Dwight.
–¿Quieres regalarme tu amor?"

Toma el teléfono y disca un número.

MARÍA SOCORRO
Sí, soy yo. Será una gran novela. Quería que lo supieras. *(Corta).* "Frank tomó las manos de Dwight entre las suyas y las llevó a su pecho. El corazón de la pobre Dwight dio un brinco y latió con más fuerza, con más intensidad que de costumbre, como un tropel que de broncos potros liberados corriera río abajo barriendo las colinas de Dakota del Sur. Dwight pudo sentir cómo las sombras de su pasado se diluían lentamente, así, sostenida por Frank en ese apretón firme y masculino. Fuera de ello, Frank era un pillo, pero a ella le gustaba."

Apagón.

Luz sobre MARÍA BRUJAS. *Tiene un grabador encendido al lado suyo, de donde sale una música festiva.*

MARÍA BRUJAS
Mirá, ahora no puedo discutirlo. (...) Estoy dando una fiesta. *(Orienta el tubo hacia el grabador).* (...) Sí, está acá. (...) Bueno, no sé, le dije que iba a dar una fiesta y Armando quiso venir... (...) La dejó en el sanatorio. ¿Vos no fuiste, todavía? (...) Sí, todos, vinieron todos. (...) ¿Se puede saber para qué llamás? (...) No, yo estoy en una fiesta. *(Le cortan.)* ¿Hola, Socorro, hola?

Corta. Vuelve a tomar el tubo y disca un número. Atienden.

MARÍA BRUJAS
¿Pero que te creés, que me vas a cortar así? *(Le han cortado nuevamente.)* ¿Hola?

Vuelve a llamar. Espera. No atienden y corta. Suena el teléfono. Se precipita sobre él. Va a hablar. Escucha. Súbitamente, grita:

MARÍA BRUJAS
Pero yo te hablo de la vida y la muerte, vos y tus novelas americanas, te hablo de que... ¡Hola, hola! *(Corta. Prende el televisor, que queda finalmente solo.)*

MARÍA AXILA

En Moscú, las tres mellizas despiden al padre para siempre. El momento de la despedida es como una única gran frase que dice enormes mentiras, mentiras hermosas, en el que todos creen comprender que también, tarde o temprano, morirán. Las hermanas van a volver a separarse, pero antes quieren retornar juntas al teatro. Eligen un papel único de Gorki, y se proponen hacerlo las tres, idénticas y de idéntica manera. No olvidemos que son actrices. En la peluquería, sentadas frente al espejo son como los viejos mapas con países de colores suaves, tan distintas y tan ávidas. La peluquera toma las tinturas. Observa esas tres cabelleras ancianas, observa esas sonrisas inocentes en el espejo, observa esos rasgos achinados, endurecidos, plácidos, observa esas señoras sin dientes casi, ésas que dicen haber sido tan iguales. Tiene las tinturas en las manos. Elige el negro, un negro opaco; se dice para sí, en la lengua rusa: "El negro es el que mejor tapa", mira hacia afuera y empieza a llover torrencialmente.

MARÍA SOCORRO

(Apaga el televisor y se sienta. Se palpa las axilas y contiene la respiración.)
La pregunta es, la pregunta última de la literatura, de toda literatura, es: ¿se puede crear un clima, aquí adentro, entre nosotros, cuando afuera llueve? "¿Cuánto tiempo me queda de vida?", se pregunta Dwight, "¿Cuánto es lo que ya he vivido?" He fingido, he fingido tanto. ¿Por qué separarse del resto, por qué señali-

zarse así, por qué hacerse ver? Estoy sola, lo he sabido siempre. Podría agarrar ese teléfono, y discar mil números, y repetir siempre: "Es mentira, es mentira, es mentira". Y poner fin a todo esto. Sin embargo, vean cómo, por algún exótico motivo, no lo hago. He pensado mucho en esta idea. Llamar por teléfono, al azar, por ejemplo a los números impares, e intimidar a la gente. Yo sé intimidar a la gente, quiero decir, llegado el caso, podría hacerlo. Algo tendría que suceder. Digo, si llamo a mil números. Y dejo que se extienda. Como un cáncer. Porque una cosa es publicar una novela, y otra muy distinta es –por ejemplo– salir a matar. No digo que haya que hacerlo. Así que me quedo quieta, estúpida, paralizada, y ni siquiera tengo la dirección de la clínica. Tampoco sé si es mi madre. Por no hablar de él. Voy a prepararme algo de cenar.

Se enciende el televisor.

MARÍA AXILA

...Y aquí tenemos una última carta de Gloria que dice algo así como "convenció a un jefe de estado"... no dice cuál. El entrecomillado es mío. Gracias Gloria, y creo que tenemos un llamado de un televidente. *(Pausa. Espera que le pasen el llamado. La espera es agónica. Nadie habla del otro lado.)* Sí. Escuchamos. *(Silencio.)* ¿No hay llamado? *(Silencio.)* Sí, escuchamos. ¿No sonó el teléfono? *(El televisor se apaga bruscamente. Es* MARÍA BRUJAS *quien lo ha apagado.)*

MARÍA BRUJAS
(Tiene el gorro de baño en la cabeza, deja salir algunos mechones hacia afuera. Toma un cigarrillo y espera.)
Estoy sola, lo he sabido siempre. Mis hermanas sí que fueron amadas. Por eso se han permitido ser genuinas. Pero yo no era como ellas. Yo no. Siempre fui una imitación de hermana. Una cosa que también podría haberse criado en una caja de zapatos, como un ratón. Experimenté en mi propio cuerpo como si fuera un cobayo. Dios mío, soy una bolsa de nicotina. Ahora van a dejarme, van a morir, no sé en cuánto tiempo, papá, Armando, no lo sabe. Me refiero al señor Lafárrega. Lo de la fiesta en casa era mentira, era otra fiesta, que yo tenía grabada. Lo del tratamiento quimioterápico era mentira. Como es mentira que exista el basilisco, eso es mitología, y como es mentira que su mirada sea suficiente para matar. Y la acetona no me ha hecho ningún daño.

MARÍA BRUJAS *encogida en la silla. Quieta y en penumbras. Un velador a lo lejos, encendido en el suelo. Suena el teléfono. Una, dos veces.* MARÍA BRUJAS *no lo atiende. Se dispara su contestador telefónico.*

VOZ DE MARÍA BRUJAS
(En el contestador.)
Hola, es el contestador de María Brujas, lamento no poder atenderte ahora. Tuve que salir. Mi salud no está bien. Empeoro mucho y el tratamiento no parece traerme solución. De todos modos, si me dejás tu mensaje, voy a intentar hacer todo lo que pueda para llamarte más tarde. *(Toses.)* Gracias.

Se produce un silencio, sólo teñido de algunos clics lejanos, quizá alguna tos que alguien esputa muy lejos. Después, tomando a MARÍA BRUJAS *de sorpresa, alguien habla.*

VOZ
María, soy yo. *(Pausa.)* Es un día... especial... y no sé cómo decirte... Pensé que todo se iba a aclarar, así, hoy, en este momento, pensé que los errores del pasado se iban a poder solucionar... que iba a encontrar la forma... Habla mamá. Me estoy muriendo. Lafárrega está acá, conmigo, te manda un beso. Pedí que me acercaran el teléfono. Tenía que hacer tres llamados. Y después podré morir. Aunque no tenga paz. Es una lástima que no te encuentre en casa, quería oír tu voz, y despedirme. Me han dado una inyección, no voy a sufrir. Y quería despedirme de ustedes. Y decirles, como ya saben, que siempre las he querido con el alma. Que todos estos años no he podido sacarme su imagen de la cabeza, las tres partes de la imagen, idénticas y... Si pudiéramos vivir dos veces. Yo llevaría una vida más simple. Las cosas no pueden ser tan complicadas. ¡Cómo las he querido! Y sin embargo, ahora me muero, María, hija, me muero. Es decir, en contra de la idea tonta de que existe una patria.

Corte. Se escucha el contestador, que rebobina automáticamente. MARÍA BRUJAS, *en la penumbra, llora con toda la cara, y esconde el ruido del llanto, como si el grito fatal que le desgarra el pecho pudiera ser oído del otro lado de la línea telefónica. Se agarra la cabeza, se hamaca lentamente en la silla, como si alguien le cantara una olvidada canción de cuna. Justo antes de que la oscuridad la haga desaparecer, se enciende el televisor, con la pantalla vacía, y con un ruido ensordecedor de interferencias. Así unos segundos, hasta que todo termina, y el silencio parece más oscuro y más real.*

Noviembre de 1996

III
LA MODESTIA

Como en todo proceso creador, hay en esta pieza una voluntad de traducir un contenido en una forma, y traducir implica siempre trasladar algo que se expresa en un lenguaje a otro distinto. La traducción supone una serie de negociaciones técnicas.

La anécdota base está inspirada en la muerte real del pintor Modigliani, aunque con severas modificaciones: el sentido común nos asegura –al menos– que Modigliani estaba realmente dotado de talento. Menos certezas hay en *La modestia*. Los actores y yo hemos tratado a los protagonistas de esta historia con una piedad inusual. Y sin embargo, siendo que todos abrazan el Bien como meta, nada podría haberles salido peor.

También estamos ante una "comedia de puertas" en su sentido más ramplón, y al mismo tiempo ante una obra sobre la dialéctica, las fronteras, y la incertidumbre del Mal. Y me gusta pensar que trata de la suspensión de la nostalgia. De la sed de cambio que surge de la suspensión de la nostalgia.

Y la modestia, naturalmente. La modestia como pecado. El placer soberbio y culposo que nace del gesto desesperado de intentar ser un poco menos de lo que se es, con el objetivo íntimo, tal vez, de pagar en cómodas cuotas esa deuda infinita.

Rafael Spregelburd

Tiel Dio punas nian fanfaronadon
Tiel Dio punas, ve panjeto, nian fanfaronadon de malgranda patrujo.
(Así castiga Dios nuestra soberbia.
Así castiga Dios, ay madrecita, nuestra soberbia de país chico.)

Canción en Esperanto de la Banda de Frontera

Personajes:

SMEDEROVO / ARTURO
LEANDRA / MARÍA FERNANDA
TERZOV / SAN JAVIER
ANJA TEREZOVNA / ÁNGELES

ESCENA 1

MARÍA FERNANDA *apunta a* SAN JAVIER *con una pistola. Ambos parecen muy tranquilos. La mujer, sin dejar de apuntarlo, se descuelga la cartera del brazo y la deja caer al piso.*

SAN JAVIER
 Hola.

MARÍA FERNANDA
 Sí.

SAN JAVIER
 Su marido me dio la llave.

MARÍA FERNANDA
 ¿La llave?

SAN JAVIER
 Soy amigo de su marido. Me invitó a cenar. Me dijo que iba a llegar más tarde y me dio una copia de la llave. Me dijo que era mejor que lo esperara acá. Estoy de paso por la ciudad.

MARÍA FERNANDA
 No me avisó. *(Baja el arma, luego la deja junto a la cartera.)* Disculpe, no me dijo que esperábamos visitas.

SAN JAVIER
　No hay problema.

MARÍA FERNANDA
　Soy María Fernanda.

SAN JAVIER
　Encantado. Yo soy...

MARÍA FERNANDA
　Toqué el portero, pero no contestó.

SAN JAVIER
　¿Cuándo?

MARÍA FERNANDA
　Recién, antes de entrar. Siempre toco el portero. No le costará imaginar por qué.

SAN JAVIER
　Usted... perdone que me meta... ¿no vive acá?

MARÍA FERNANDA
　Igual. Siempre toco antes de entrar. ¿Por qué no atendió?

SAN JAVIER
　No sonó. No lo oí.

Suena el timbre del portero. Es un ruido atronador. MARÍA FERNANDA *va hacia el intercomunicador y habla.*

MARÍA FERNANDA
¿Sí? (...) Esperá. *(Cuelga.)*

Va hacia la cartera y guarda el arma en ella. Busca algo.

MARÍA FERNANDA
¿Tenés cigarrillos?

SAN JAVIER
No, no fumo.

MARÍA FERNANDA *va hacia el portero.*

MARÍA FERNANDA
¿Hola? ¿Estás ahí? (...) ¿No me hacés un favor? (...) No seas boludo. *(Ríe.)* (...) Cigarrillos. Sí, en la esquina de Anchorena tenés un... (...) OK *(Cuelga.)* Le pedí que nos trajera cigarrillos. Para no tener que volver a bajar...

SAN JAVIER
Por mí está bien, yo no fumo, te agradezco.

MARÍA FERNANDA
Puedo abrir la ventana, si te molesta.

SAN JAVIER
No, está bien. No hay problema. Es tu casa.

MARÍA FERNANDA
No. No vivimos juntos. Es lo mejor para los chicos. No

sé qué te habrá dicho él. Tengo llaves y todo eso, pero...
Igual, sos nuestro invitado. ¿Qué? ¿Te sentás?

SAN JAVIER
Bueno, gracias.

MARÍA FERNANDA
¿De dónde se conocen con Alejandro?

SAN JAVIER
¿Con Alejandro?

MARÍA FERNANDA
Sí. Yo le conozco muy pocos amigos.

SAN JAVIER
Bueno, como yo no vivo acá. Estuvo en Rosario, hace como diez años, dando unos seminarios. Y paró en casa. Cada vez que iba a Rosario, después, siguió parando en casa. Yo... bueno, nos encontramos hoy...

MARÍA FERNANDA
¿A qué hora?

SAN JAVIER
¿Perdón?

MARÍA FERNANDA
¿A qué hora se encontraron?

SAN JAVIER
Bueno, a la tarde... no me acuerdo, habíamos quedado en... serían las...

MARÍA FERNANDA
Está bien. Ya sé que está con otra.

SAN JAVIER
¿Quién?

MARÍA FERNANDA
Nos seguimos viendo, pero ya no vivimos más acá. Nos estamos yendo. No estamos en el mejor momento, como podrás ver. Como para visitas, estamos.

SAN JAVIER
Bueno, yo... hace bastante que no lo veo...

Pausa.

SAN JAVIER
No se llama Alejandro.

MARÍA FERNANDA
¿Qué?

SAN JAVIER
Digo, que antes...

MARÍA FERNANDA
Antes toqué el portero porque no sabía si lo iba a encontrar con otra, ¿OK?

Pausa.

SAN JAVIER
Mirá, si querés bajo a comprar cigarrillos, lo hablo con él... no sé si está bien que me quede...

MARÍA FERNANDA
No llegó.

SAN JAVIER
¿Qué?

MARÍA FERNANDA
Que todavía no llegó.

SAN JAVIER
¿No fue hasta la esquina de Anchorena a comprarte cigarrillos...?

MARÍA FERNANDA *saca un paquete de cigarrillos del bolso y prende uno.*

MARÍA FERNANDA
No, no era él. *(Pausa.)* Era Ana, una amiga. A veces se queda a cuidar a Lucía.

SAN JAVIER
 Ah.

MARÍA FERNANDA
 ¿Te molesta el humo? Abro la ventana.

SAN JAVIER
 No, está bien, no me molesta...

MARÍA FERNANDA
 Éste es un ambiente muy cerrado. A mí me molesta el humo de los otros.

Suena el portero estrepitosamente.

MARÍA FERNANDA
 En lugares abiertos me lo banco, pero en ambientes cerrados no soporto que me fumen en la cara.

SAN JAVIER
 ¿Atendemos?

MARÍA FERNANDA
 No. Tiene llave.

SAN JAVIER
 Pero...

MARÍA FERNANDA
 Llama para avisar que está subiendo.

SAN JAVIER
 ¿Anita?

MARÍA FERNANDA
 Ana. Y Alejandro tiene llave. ¿O te dio su copia a vos para que le abras?

Vuelve a sonar el portero.

SAN JAVIER
 ¿Qué Alejandro?

MARÍA FERNANDA
 (En el portero.)
 ¿Hola? (...) Ah. Bueno. Sé bueno y andá hasta la esquina de Perón, al lado de los coreanos hay una... (...) Ésa. (...) Gracias. Te espero. (...) Sí, cortos.

Corta. Rápidamente va a la cartera y saca el arma otra vez.

SAN JAVIER
 ¿Qué Alejandro?

MARÍA FERNANDA
 Muy bien. ¿Cómo entró acá?

SAN JAVIER
 Pero, ¿qué pasa?

MARÍA FERNANDA
 ¿Se piensa que soy estúpida, que me voy a creer lo de

Rosario y toda esa pelotudez del seminario? Alejandro nunca estuvo en Rosario.

SAN JAVIER
No sé quién es Alejandro. Y la llave me la dio Arturo.

MARÍA FERNANDA
¿Arturo? Ahí está el problema. Arturo no es mi marido.

SAN JAVIER
En todo caso, me gustaría saber por qué le dice a Ana: "sé bueno". Y acá está la llave, si quiere verla, me la dio su marido hoy a las cinco.

MARÍA FERNANDA
¿A las cinco? Antes dijiste que no te acordabas a qué hora lo habías visto. Y Ana está abajo con el marido. Y recién hablé con él. ¿Es esto lo que buscás? *(Le muestra un cassette)*. ¿No? Entonces será algún otro. No te preocupes, hay copias de estos cassettes por todas partes. ¡Ya estoy acostumbrada a este jueguito! ¡Y estoy bien harta de todo esto! ¿Qué se creen? ¿Qué pueden andar intimidando así a la gente? ¿Querés que veamos qué más hay? Si te los llevás todos de acá me hacés un grandísimo favor.

Sale por una puerta. Suponemos que va a buscar más cassettes. Afuera se la oye revolver cosas y musitar quejas ininteligibles. SAN JAVIER *la sigue con la mirada, desde su lugar. Un segundo después, tose y escupe sangre.*
Pero ya no es SAN JAVIER *sino* TERZOV.

ESCENA 2

ANJA TEREZOVNA *entra por la misma puerta por la que salió* MARÍA FERNANDA. *Tiene unos manuscritos en la mano. La luz es más oscura que antes, el clima es más remoto.*

ANJA
Acá está.

TERZOV
Estoy bien, estoy bien. No te preocupes.

ANJA:
Pensé que te podían interesar.

TERZOV
¿No te das cuenta que me estoy muriendo?

ANJA
No hables así. No me hables así.

TERZOV
Lo siento.

ANJA
Son esos escritos de papá de los que te hablé. Los encon-

tró Irene, en un mueble viejo. Estuvimos haciendo lugar con mamá.

TERZOV
Te esperé toda la tarde. No sabía dónde estabas.

ANJA
Finalmente la convencimos de alquilar el cuarto a algún extranjero.

TERZOV
Extranjeros...

ANJA
Sí, ya sé. Es que algunos vienen con bastante dinero. No tienen dónde vivir. Tienen el dinero, se vienen con todo lo que tenían en el sur, no piensan volver... Con Irene convencimos a mamá de que no tenía sentido guardar esa pieza vacía. Y accedió.

TERZOV
A ver, dámelos.

ANJA
Estaba triste pero accedió. *(Le entrega el manuscrito.)* Creo que es la primera vez que mamá abre el buró de papá. Ya se le va a pasar. El caballero es muy serio. Nos inspira la mayor de las confianzas. Se va a quedar sólo unos días, porque tiene unos negocios que resolver aquí en la ciudad. Pero después encontraremos otro inquili-

no, y después otro. Visto con optimismo es un buen negocio.

TERZOV
¿Qué hombre?

ANJA
Yo no tengo nada en contra de estos extranjeros. Es cierto que hablan atravesados, pero lo mismo nos pasaría a nosotros si quisiéramos irnos a...

TERZOV
¿De qué hombre estás hablando?

ANJA
Pensé que te lo había dicho. El doctor Smederovo.

TERZOV
No. No me lo habías dicho.

ANJA
El inquilino. Preguntó si no se alquilaba una recámara en la casa. Mamá se va a acostumbrar. Y con este dinero extra, nosotros podríamos... Una recámara, dijo. ¡Cuánto hacía que no escuchaba esa palabra!

TERZOV
Bueno. Hagan lo que quieran. Después de todo es la casa de tu padre. Y éstas son las cosas de tu padre. *(Arroja el manuscrito.)* ¿Por qué querés que las lea?

ANJA
Son... notas... de papá. Algunas son buenas. Cosas buenas, creo. Me pareció que... como escritor... podrías ver si tal vez tienen valor literario y... *(Recoge el manuscrito del piso.)* También puedo ir directamente a un editor.

Pausa.

TERZOV
Un editor. ¿Cuántos editores conocemos?

ANJA
Justamente, muchos y con todos...

TERZOV
...y entre todos no hemos encontrado uno solo que quisiera publicar mis obras.

ANJA
No seas injusto. No han dicho que no.

TERZOV
Anja, no lo vamos a volver a discutir. No me interesa que se me edite después de muerto, y eso está muy cerca. ¿Por qué habrían de interesarse en los escritos de un viejo coronel de la cuarta legión, ya extinto, y misteriosamente retirado con honores luego de perder estrepitosamente en el frente de Zvornik...? ¿Y qué teníamos que hacer nosotros, qué tenía que hacer él en esa guerra? ¿Dónde queda Zvornik? Por favor, no me hagas más daño.

ANJA
Yo había pensado que...

TERZOV
No puedo oír más.

ANJA
Tenés que leerlos. Irene y yo pensamos que son buenos.

TERZOV
Me sorprende que tu hermana distinga una "g" de una "j".

ANJA
No me agredas, no te metas con Irene. Todos estamos pensando cómo salir de esto y...

TERZOV
Yo te voy a explicar cómo salir de esto... Yo salgo de esto. Se acabó. Se acabó Mirko Terzov, o Terezov, como quieran. Igual no tendré epitafio. No se lo mereció. Se murió con su obra, se la llevó a la tumba.

Silencio. ANJA TEREZOVNA *solloza en secreto en un rincón.* TERZOV *la ve. Toma el manuscrito, de mala gana y empieza a leer.*

ANJA
(Aún débilmente y sin dejar de sollozar.)
Hay uno bueno... Sobre un mayor que pierde un brazo y que es un fumador de pipa... Es un principio de algo, de una novela, de algo grande... Papá hace unas observa-

ciones sobre el hábito de fumar y el brazo ausente... A Irene la conmovió mucho...

TERZOV
Ya está. Lo estoy leyendo. ¿No ves? Lo estoy leyendo.

ANJA
¿Te pongo más luz? Puedo traerte algo caliente, también, antes de cenar. No hay mucho, pero... ¿Te pongo más luz? Mañana puedo pedirle leños a Irene. Incluso hicimos cortar la madera de una cama inutilizable que estaba en el estudio de papá...

TERZOV
Estoy leyendo. *(Ligeramente afectado y burlón al principio, más interesado a su pesar a medida que avanza:)*
"'¿No le parece, estimada Masha, que seremos recordados como los escritores de una época en la que todos escribían sobre la obsesión de fumar?' 'Oh, vamos', respondió Masha ruborizándose, y sin poder mirar el brazo ausente. 'Deje ya esos asuntos, hace un sol enorme. ¿Por qué no viene al jardín con los otros?' El joven Duvrov se atusó el negro y espeso bigote con su única mano, dirigió una sonrisa a Masha y pensó en su lengua natal: No debo atormentarla. No debo atormentarme. No debo atormentarlos. ¿Qué placer se obtiene de ver cómo todos sufrimos? 'Efectivamente, hace un sol enorme,' respondió en voz alta."

ANJA
Hay unas reflexiones más adelante sobre el sentido del

placer, y la desgracia. Papá debió escribir todo esto después de la derrota de Zvornik...

Se oyen golpes en la puerta. TERZOV *sigue leyendo.* ANJA *va a abrir. El que entrará es* SMEDEROVO.

OFF ANJA
Ah, es usted.

OFF SMEDEROVO
Anja, ¿cómo está?

OFF ANJA
Bueno, ya le he explicado... Es muy amable en venir.

Entran.

ANJA
Mirko, éste es el doctor Smederovo. El doctor que vive en casa de mamá.

SMEDEROVO
Encantado. No tiene buen aspecto.

TERZOV
No. Encantado.

ANJA
¿Puedo ofrecerle un brandy, doctor?

SMEDEROVO
Me encantaría. *(ANJA no se lo trae.)*

ANJA
¿Ya ha terminado de acomodarse en la "recámara"?

SMEDEROVO
Sí, muchas gracias.

ANJA
¿La encuentra de su agrado?

SMEDEROVO
Me hubiera sido imposible encontrar otro alojamiento. Los hoteles están llenos, o al menos eso nos dicen a nosotros.

ANJA
¿A ustedes?

SMEDEROVO
De todos modos me arreglaré con la habitación. Estaré muy poco tiempo. Con respecto a la recámara, hay algo que me gustaría...

ANJA
Mi madre ya le habrá explicado las condiciones, ¿no?. Voy a buscar el brandy. Y chorizo. *(Sale.)*

SMEDEROVO
Una mujer muy especial, su madre.

TERZOV
No se deje confundir por ella. Intentará sacarle todo el dinero que pueda.

SMEDEROVO
No se preocupe. De veras estoy agradecido. *(Se observan en silencio un instante.)* Usted sabe que es tuberculosis, ¿verdad?

TERZOV
Mire... No podemos pagarle. Le agradezco que se haya tomado la molestia de venir hasta aquí, seguramente mi mujer y mi suegra le han insistido. Pero sabemos que no hay tratamiento que no cueste dinero, y no podemos pagarle.

SMEDEROVO
¿Puede hablar más lento?

TERZOV
Sí, ya sabemos que es tuberculosis. Y sabemos que está muy avanzada.

SMEDEROVO
¿Quiere un puro?

TERZOV
Usted no es un médico normal. Usted no es como los otros. ¿Por qué dejó su país?

SMEDEROVO
Me casé.

TERZOV
¿Ella es de aquí?

SMEDEROVO
No. Tampoco. Pero ya nos arreglaremos. Le ofrezco este último puro, porque luego se los voy a prohibir para siempre.

TERZOV
Entonces quédeselo. ¿No le parece que seremos recordados como los escritores de una época en la que todos escribían sobre la obsesión de fumar? Hombres y mujeres que se despiertan en la noche, o que se hacen despertar por hombres y mujeres con los que duermen, sólo para encender un cigarro y poder soportar el resto de la noche?

SMEDEROVO
Sé muy bien a qué se refiere. Lo leí. Leí *La Parranda.(Le señala los manuscritos que están aún en poder de* TERZOV.*)* Anja Terezovna me permitió leerlo. Usted se lo dejó en la habitación de su suegro.

TERZOV
¿Yo?

SMEDEROVO
Usted es extraordinario. Quiero decirle que... Usted es un escritor extraordinario.

TERZOV
Se equivoca.

ANJA
(Entrando con el brandy.)
El doctor tiene razón, Mirko.

TERZOV
¿Vos le diste a leer esto diciéndole que era mío? Te hablo rápido para que no me entienda.

ANJA
Ahora no, después, después.

SMEDEROVO
Usted tenía razón, Anja. Su marido es el escritor de este siglo. Pero se va a morir si no hacemos algo.

TERZOV
No podemos pagarle, está claro.

SMEDEROVO
Mire, Terzov, voy a ser franco con usted. No me gustaría sonar brutal, pero es la manera en la que he aprendido a hablar este idioma. Usted sí puede pagarme, si está de acuerdo en cederme los derechos de su novela.

TERZOV
¿Cederle los derechos? ¿De qué novela?

ANJA
De tu obra, de tu novela, querido. Es maravilloso, doctor. Claro que es un trato justo.

TERZOV
¿De qué obra estamos hablando? Unas anotaciones sueltas que nadie quiso editar; pensamientos febriles dictados por fuerzas demoníacas producto de mis altísimas fiebres, poemas oscuros sin valor para nadie...

SMEDEROVO
Lo suponía un hombre humilde. Entiéndame, entiéndanme. Soy un comerciante. No quiero engañarlos. Yo puedo salvarle la vida. Pero no le estoy haciendo ningún favor. Yo seré su representante editorial, y estimo que voy a hacerme muy rico. Tanto como para dejar la profesión de médico, que me repugna.

ANJA
Es justo. Es un trato muy justo

TERZOV
No, no, perdónenme un momento, los dos. Usted no tiene ni idea de lo que dice. Dudo que pueda leer bien o que entienda lo que lee...

SMEDEROVO
Como quiera. Pero no está en posición de elegir. Usted se va a morir, Terzov.

TERZOV
¿Qué es lo que quiere? ¿Quiere esto? *(Por los manuscritos.)* Son suyos, ahí los tiene. Publíquelos y déjeme en paz.

ANJA
Mirko, por favor.

SMEDEROVO
No me parece que nos entendamos. Yo quiero mucho más que esto. Quiero que usted siga escribiendo. Su literatura es sangre, y yo debo alentarlo a sangrar, todos nosotros somos su literatura; usted ha hecho que nuestras desgracias valgan la pena, usted firma nuestro canto, nuestra agonía, en *La Parranda*. En su prosa hierve la sangre derramada de miles de hijos de esta tierra. Y lo voy a lograr: usted será el escritor más grande, yo se lo juro.

ANJA
Yo también pienso así.

SMEDEROVO
Haga sus maletas. Nos espera un largo viaje. Poco puedo hacer por usted en este clima. Voy a llevarlo a vivir conmigo.

TERZOV
(Luego de una pausa.)
Usted está loco.

SMEDEROVO
Piénselo. Mañana espero su respuesta.

ANJA
Lo acompaño, doctor. *(Salen.)*

OFF ANJA
No se preocupe, voy a convencerlo.

OFF SMEDEROVO
Haga todo lo posible, Anja Terezovna. Todos nos merecemos algo mejor que esto.

OFF ANJA
Adiós. Mañana le llevaré su respuesta.

Vuelve ANJA.

ANJA
¿No vas a hablarme?

TERZOV
Es humillante. Estoy tomando coraje. *(Pausa.)* ¿Por qué le dijiste que los textos de tu padre los había escrito yo?

ANJA
Ya te dije. Pensé que tenían algún valor.

TERZOV
Supongo que no intentarás convencerme.

ANJA
Voy a...

TERZOV
No nos hagamos más daño. Ya sabés que la respuesta es

no, ya sabías que era no antes de empezar este negocio. Qué estupidez, qué enorme estupidez. Tengo sueño. No me despiertes, mucho menos para hablar de todo esto. Hoy no ha pasado nada, ese hombre nunca estuvo aquí. *(Sale.)*

ANJA *lo mira salir, queda con la mirada fija en él. Pero ya no es* ANJA, *sino* ÁNGELES.

ESCENA 3

ÁNGELES
¿Encontraste el baño? La luz está a la derecha.

OFF SAN JAVIER
Sí, está bien.

ÁNGELES
Hay gente increíble, en este edificio.

OFF SAN JAVIER
Estaba convencido, cuando lo vi a Arturo, hoy, más temprano, que me había dicho sexto "K".

ÁNGELES
No, los pisos pares van hasta la "F", y en el segundo cuerpo están los de la "G" hasta la "L". Salvo en el último piso, que vive el portero. Con un cura protestante.

SAN JAVIER
(Entrando.)
Ah, ¿sí?

ÁNGELES
En el segundo cuerpo. ¿No tiraste la cadena?

SAN JAVIER
Sí... claro... la... Sí, tiré.

ÁNGELES
No anda bien. ¿Levantaste el alambre que está doblado, el que sale del depósito?

SAN JAVIER
Sí, claro.

ÁNGELES
Pero no te lavaste las manos.

SAN JAVIER
Sí.

ÁNGELES
Están secas.

SAN JAVIER
Me lavé y me sequé las manos.

ÁNGELES
¿Había toalla? ¿Usaste una blanca o una verdecita?

SAN JAVIER
...No, blanca, creo.

ÁNGELES
Y después del segundo cuerpo atrás hay un anexo que

tiene sólo cuatro pisos. Mucha gente se confunde y llama acá por el cuarto "M", que en el portero está borrado y no dice "Tercer cuerpo."

SAN JAVIER
Igual, tendrían que hacer cambiar la cerradura. Porque con la misma llave...

ÁNGELES
Ah. Pensé que habías dicho que estaba abierto.

SAN JAVIER
¿Qué?

ÁNGELES
Que habías encontrado la puerta abierta, en el sexto "K".

SAN JAVIER
No me di cuenta que eran dos cuerpos en el edificio.

ÁNGELES
¿Te sirvo otro?

SAN JAVIER
No. No, así está bien.

ÁNGELES
No son dos, son tres cuerpos, en total. Yo me voy a tomar otro. *(Empieza a salir hacia la cocina.)* ¿No te gustó?

SAN JAVIER
¿Qué?

ÁNGELES
¿Tenía demasiada agua tónica?

SAN JAVIER
No, no, estuvo muy rico. Igual, no soy gran bebedor.

ÁNGELES
No hay que ser un experto para saber que un gin tonic está mal hecho. *(Sale secamente; pausa.)*

SAN JAVIER
(A ÁNGELES, *que sigue afuera)*
Qué departamento más lindo. La última vez que vine a Buenos Aires, Arturo vivía en un monoambiente con kitchenette. *(Suena un timbre, igual al portero.)* ¿Atiendo? *(Nuevo timbrazo. Va hacia el tubo.)* ¿Sí? (...) ¿Hola, hola?

Entra ÁNGELES *y levanta el tubo del teléfono. Escucha en silencio. Luego cuelga y vuelve a salir.* SAN JAVIER, *que la ha observado atentamente, cuelga el portero y la ve salir.*

SAN JAVIER
¿Era... el teléfono?

ÁNGELES
Sí.

SAN JAVIER
¿No sería Arturo para avisar que ya viene para acá?

ÁNGELES
Así que antes de conocerme vivía en un monoambiente.

SAN JAVIER
Sí, en el Bajo, un lugar inaccesible.

ÁNGELES
Ya no creo que tarde. ¿Cómo me dijiste que era tu apellido?

SAN JAVIER
San Javier.

ÁNGELES
¿Es... de qué origen es? ¿Es un apellido judío?

SAN JAVIER
Español. Creo que es español.

ÁNGELES
Sí. Cualquier cosa apago el horno y lo esperamos. O comemos ahora y lo esperamos...

SAN JAVIER
No, esperémoslo. Yo todavía no tengo hambre.

ÁNGELES *lo mira en silencio.*

SAN JAVIER
Esta mujer debe haber pensado que yo era un imbécil... Digo, esta vecina, la del otro cuerpo. Meterme en su casa, a hablarle de su marido... Que no era...

ÁNGELES
Arturo me dijo que antes de conocerme había vivido en casa de una tía, en Flores.

SAN JAVIER
Bueno. Quizás fue antes.

ÁNGELES
Sí. Antes. Mucho antes no pudo ser. Igual, nunca me habló del monoambiente. Vos sabés que Arturo me lleva muchos años. Lo sabés, ¿no? ¿A qué hora se encontraron en la calle, hoy?

SAN JAVIER
A eso de las cinco, creo.

ÁNGELES
Imposible. *(Sale.)* ¿Querés ir picando un salamín?

SAN JAVIER
No te molestes, Ángeles, después cuando venga... *(Suena el timbre nuevamente.)*

OFF ÁNGELES
¿Atendés?

SAN JAVIER
   Sí. *(Levanta el tubo del teléfono.)* ¿Hola?

VOZ DE ARTURO
   No tengo tiempo de explicártelo ahora. Si ella está ahí no hagas preguntas y escuchá bien.

SAN JAVIER
   ¿Hola? ¿Sos vos, Artu...?

VOZ DE ARTURO
   ¡No hagas preguntas! Hay un martillo...

SAN JAVIER
   ¿Qué?

VOZ DE ARTURO
   ¡Escuchá, primero! Fijate donde está el martillo, en el segundo cajón, en la mesita que está a la izquierda. Tenés que...

SAN JAVIER
   ¿A mi izquierda?

VOZ DE ARTURO
   ¿Cómo a "mi" izquierda? ¡A la izquierda, a la izquierda! Tenés que... Pará. No puedo hablar ahora. Esperá. *(Corta.)*

SAN JAVIER
   ¿Hola? ¿Hola?

ÁNGELES
¿Era él?

SAN JAVIER
No sé... Sí, era él, pero se cortó.

ÁNGELES
¿Dijo a qué hora venía?

SAN JAVIER
Eh... no. Se cortó apenas atendí.

ÁNGELES
Hay que decirle que traiga el vino, que no hay más.

SAN JAVIER
Por mí... no... Yo tomo gaseosa, o agua, si no hay...

ÁNGELES
Claro. Ya me di cuenta. ¿No te vas a lavar las manos, así comemos una picadita?

SAN JAVIER
¿Otra vez?... Bueno, un poco, sí... *(Sale para el baño.)* ¿Uso la toalla blanca?

ÁNGELES
Esperá que te traigo una. *(Sale por otra puerta. El escenario queda vacío un segundo. Cuando vuelvan a ingresar, serán los personajes del otro relato.)*

ESCENA 4

LEANDRA
Aquí tendrá buena luz hasta muy tarde, Terezov. Yo misma me siento a veces después de mis quehaceres domésticos a la luz de esta ventana y esbozo uno o dos versos, una torpeza... Pero no tiene importancia. Lo importante es que usted se repondrá.

TERZOV
(Mirando la casa con natural repugnancia.)
Supongo que su marido le explicó que no podemos pagarle.

LEANDRA
Usted no tiene que hacerse ningún problema. Eso ya está arreglado. El dinero vendrá después, si usted se cura.

TERZOV
¿Y si no?

LEANDRA
Usted se cura. De todos modos, yo puedo ayudar con mi trabajo. No sé, vendería flores. Ahora las cultivo por gusto, para alegrar un poco la casa. Las cultivo en macetas, porque esta tierra no da nada. Simplemente tendría un poco más de plantas, cultivaría flores senci-

llas. Las cortaría para venderlas en el pueblo. En las fiestas, en los entierros. Eso nunca se acaba. ¿Le parece patético, o no? ¿Que me dedique a una profesión tan miserable?

TERZOV
Miserable es pretender ser escritor.

LEANDRA
No diga eso, Terezov. Mi marido piensa que usted tiene un talento enorme.

TERZOV
(Dándole unos papeles que saca de su portafolios.)
Muy bien, veamos qué piensa usted, Leandra.

LEANDRA
No sé si debo... supongo que son sus borradores.

TERZOV
Es basura, observaciones que hice durante el viaje.

LEANDRA
Sí. Es un viaje terrible. Supongo que querrá descansar.

Entra SMEDEROVO.

SMEDEROVO
Ya dispuse el papel sobre la mesa, como lo pidió. Hay pluma, tinta negra, loción de Crimea...

LEANDRA
 (*A* SMEDEROVO.)
 Pensamos que aquí tendrá más luz para escribir.

SMEDEROVO
 No creo que esté más cómodo aquí que en un escritorio de verdad. ¿No es cierto Terzov?

LEANDRA
 Yo a veces escribo aquí, y no está nada mal, se lo juro.

TERZOV *observa alternativamente a uno y a otro y calla un instante. Luego:*

TERZOV
 Permiso. Voy a descansar. (*Va hacia una puerta.*) ¿Voy a dormir acá?

SMEDEROVO
 Adelante, adelante.

TERZOV *sale.*

LEANDRA
 No lo agobies. Acaba de llegar. Ya escribió esto, durante el viaje. (*Le da el manuscrito.*)

SMEDEROVO
 (*Lee:*)
 "El viaje en tren
 que esconde

>	esconde
>	esconde el otro
>	viaje
>	una herida única enorme me acompaña
>	el becerro
>	del sacrificio, igual."

Tengo problemas con la puntuación.

LEANDRA
Es gramaticalmente muy complejo.

SMEDEROVO
Excelente.

LEANDRA
Sí.

SMEDEROVO
Muy bien. No hay que perder ni un minuto. Cada línea es preciosa. Esta tarde hablaré con Graziano.

LEANDRA
¿El editor Graziano?

SMEDEROVO
Sí. Le escribí hace una semana para avisarle. Tendré que llevarle todo lo que haya escrito.

LEANDRA
Hoy llegó esta carta de Graziano. No te lo dije antes, porque no me diste tiempo.

SMEDEROVO
Dámela. *(La lee.)* Estúpido. No importa. Encontraremos otro.

LEANDRA
Sí. Voy a llevarle mantas.

ESCENA 5

SMEDEROVO *ha quedado solo en el espacio. Ahora es* ARTURO. *Golpean a la puerta. Va a abrir. Es* MARÍA FERNANDA.

ARTURO
 Ahora no.

MARÍA FERNANDA
 Ya sé. Perdoname. Le diste mi llave a un amigo tuyo...

ARTURO
 Sí, está acá, con mi mujer. ¿Qué le dijiste?

MARÍA FERNANDA
 Nada. Fue una confusión...

ARTURO
 Después te explico. Andáte, por favor.

MARÍA FERNANDA
 No me voy a quedar arriba.

ARTURO
 ¿Qué pasa? ¿Volvieron a llamarte por lo del diputado Abramovich?

MARÍA FERNANDA
No, no. Pero llamó Alejandro y se vino para acá. Está Ana, también. Y Raúl. Parece que pasó algo con Lucía. No me quieren decir. Iba a ir al cine con unas amigas de judo y no volvió. Lucía no me habla, no me quiere hablar. Ana y Raúl están arriba, van a hablar con él y dicen que es mejor que yo no esté.

ARTURO
Ahora no. Esperá que en un rato te toco el timbre.

MARÍA FERNANDA
¿Y a dónde voy a ir?

ARTURO
No sé, andá a un café.

MARÍA FERNANDA
¿Qué relación hay entre Lucía, el diputado y los cassettes? ¿Qué son?

ARTURO *cierra la puerta.*

OFF ÁNGELES
¿Quién es?

ARTURO
La basura.

OFF ÁNGELES
Decile que tengo otra bolsa acá.

ARTURO
No importa. Ahora vuelve a pasar.

ÁNGELES
(*Entrando.*)
¿Se fue?

ARTURO
Sí, pasa en un rato.

ÁNGELES
¿Por qué se fue?

ARTURO
No sé. Le dije que había otra bolsa. Pasa en un rato.

ÁNGELES
Tuve que volver a prender el horno. Ya va a estar...

SAN JAVIER
(*Entra revisando unos documentos.*)
Bueno, está todo. ¿Tenés el informe del perito?

ARTURO
Sí. Hay que hacerlo traducir y adjuntar copia de los tres artículos que te comenté de la Ley de la Navegación.

SAN JAVIER
No hay problema. Lo hago traducir en Rosario. ¿La compañía de seguros leyó el informe?

ARTURO
Seguro. Se mandan con todo a impericia del piloto. Y como es un fletado a tiempo...

SAN JAVIER
¿Y qué dicen de los rolidos?

ARTURO
Primero preguntan si son rolidos, escoras o guiños habituales capeando la tormenta. Pidieron a Prefectura el informe meteorológico.

SAN JAVIER
¿Y no tenemos gráfico del sistema de trincado?

ARTURO
No, pero no lo saben.

SAN JAVIER
¿Y lo pidieron?

ARTURO
Sí, pero no había ningún lashing-plan a bordo. Y el que había no sirve porque es de otra crujía, debe ser de otro portacontenedor.

SAN JAVIER
Qué imbéciles.

ARTURO
Ni inventario de materiales de trincado, ni barras "T".

SAN JAVIER
¿Y para qué insisten? Si no se hubiera roto el trincado, el peso de los containers habría hundido el buque. Es un LO-LO con bocaescotillas, ¿qué quieren?

ARTURO
Bueno, pero cuestionan la velocidad de...

SAN JAVIER
¡Pero si el capitán declara que llevaba rumbo de capa...!

ARTURO
Eso declara. Pero éstos aducen que tendría que haber previsto, a esa velocidad, el peligro de una ola asincrónica.

SAN JAVIER
¿Están locos?

ARTURO
En otras ocasiones las cortes aceptaron la objeción.

SAN JAVIER
Pero es un temporal 10 en la escala de Beaufort.

ARTURO
Pero ellos registran 9 en el satélite británico.

SAN JAVIER
El satélite británico no tiene jurisdicción... Prefectura dice 10...

ARTURO
Pero Prefectura también va a presionar con que no había plano de trincado y que no hay constancia de desgaste del material.

SAN JAVIER
Sí, ya entendí. Bueno, voy a ver qué dice nuestro perito de la echazón.

ARTURO
La echazón salvó al barco de darse vuelta, no van a poder incriminar al capitán.

SAN JAVIER
No, supongo que no. Echale una mirada a ésta, es la declaración del segundo oficial. Fijate a qué hora declara haber entrado al cuarto de derrota.

ARTURO
A ver... *(Se sienta y lee con atención.)*

ÁNGELES
Comemos en diez minutos.

SAN JAVIER
Qué bueno.

ÁNGELES
¿Te enseño un juego de cartas?

SAN JAVIER
¿Qué es? ¿El chin-chon?

ÁNGELES
¿Te enseño uno?

ARTURO
¿Tenés los turnos de guardia del timón, del entrepuente, la noche del...?

SAN JAVIER
Están en la otra hoja.

ÁNGELES
Se puede jugar de a más, pero es muy simple. Se reparten todas las cartas, si juegan dos se sacan los tres, cuatros y cincos y comodines. Cuando recibís tus cartas lo primero que te conviene hacer es separar por palos y ordenar por números y fijarte si tenés la reina de pique, el rey o el as de pique, el dos de trébol y qué cantidad de corazones te tocaron.

SAN JAVIER
Tengo el dos de trébol.

ÁNGELES
El dos de trébol arranca.

SAN JAVIER
¿Qué hago?

ÁNGELES
Lo bajás al centro. Siempre arranca el dos de trébol.

ARTURO
No menciona el ángulo del segundo rolido.

SAN JAVIER
No. El tercero es el que importa. / ¿Qué hago?

ÁNGELES
Bajás el dos de trébol. Bueno, el palo de mano es obligatorio para todos los jugadores.

SAN JAVIER
¿Es como la Podrida?

ÁNGELES
No sé. Se parece al Tute, pero no es igual a nada. Es un juego coreano. Lo juegan los coreanos, es milenario. Yo estoy ahora aprendiendo la táctica, el mecanismo es sencillo, como el ajedrez.

SAN JAVIER
¿No hay palo de triunfo como en la Podrida?

ÁNGELES
No sé qué es eso.

SAN JAVIER
¿Se puede fallar a la mano y tirar un triunfo?

ÁNGELES
No. No se puede fallar a la mano, pero si no tenés palo de mano, en este caso: trébol, podés deshacerte del corazón, que vale un punto.

SAN JAVIER
¿Cuál?

ÁNGELES
Cualquiera. El más alto. Ya vas a ver.

SAN JAVIER
¿Hay que tratar de no llevarse los corazones?

ÁNGELES
Y la reina de pique.

ARTURO
"Diez minutos después de la violenta echazón chequeamos los containers que quedaban aún en cubierta y reforzamos la trinca a pleno. El temporal seguía, el cielo estaba completamente negro. Pero no se registraron más olas asincrónicas". ¿Por qué no reforzaron antes?

SAN JAVIER
Después lo explica. El exceso de trincado no se justifica en un viaje normal...

ÁNGELES
¿Tenés trébol?

SAN JAVIER
...es más caro y pone en peligro la flotabilidad del buque. ¿Tiro trébol?

ÁNGELES
No, lo que quieras. Trébol se dice "sung". La mano obliga al palo, pero no podés salir con corazón siendo mano si alguien no falla antes con corazón.

SAN JAVIER
Ya entendí. ¿Te acordás donde el perito se expide sobre causas de la rotura, corrimiento y echazón?

ÁNGELES
"¡Sung!" Es apasionante. Ya vas a ver cuando salta la reina. Te la llevás y sumás trece puntos, a menos que levantes todos los corazones también, y todos anotan veintiséis. Eso se llama "hacer un tien-chía".

SAN JAVIER
Ya entendí. No podés tirar ésa.

ÁNGELES
¿Por qué?

SAN JAVIER
Fijate. Si tirás ésa y levantás, terminás llevándote la reina.

ÁNGELES
¿Cómo sabés?

SAN JAVIER
Vas a ver.

ARTURO
Éste se lava las manos olímpicamente. Que no sabe nada de los cáncamos, tensores...

SAN JAVIER
Sí, y menciona a propósito, creo yo, la falta del inventario del material de trincado.

ARTURO
Pero dice que él no tiene acceso.

ÁNGELES
¿Cómo sabés si tengo la reina?

SAN JAVIER
Yo no la tengo.

ÁNGELES
Sí, pero en una ronda de cuatro, ¿cómo sabés?

SAN JAVIER
Espero a ver qué pasa, salgo con pique, bajo, y quien levante con as o rey puede tener la reina. Vigilo si se descarta los rombos o tréboles para fallar con la reina cuando alguien salga con esos palos, cosa que no voy a hacer para no llevármela yo.

ÁNGELES
¿Y con qué saldrías?

SAN JAVIER
    Con pique, claro. Porque hago saltar la reina.

ÁNGELES
    (...) ¿Doy de vuelta?

SAN JAVIER
    ¿No seguimos la mano?

ÁNGELES
    (A ARTURO.*)*
    ¿Jugás?

ARTURO
    ¿No se quema?

ÁNGELES
    Me voy a fijar. *(No se mueve. Mezcla las cartas.)*

SAN JAVIER
    No soy un gran jugador de estos juegos...

ÁNGELES
    Ya entendí. *(Sale. Vuelve a asomarse.)* No es por el juego; es porque es coreano, ¿no? *(Sale sin esperar respuesta).*

ARTURO
    ¿Qué es de la vida del Doctor Marceau?

SAN JAVIER
    Ahí anda. Se disolvió el estudio.

ARTURO
¿Cuál?

SAN JAVIER
Marceau-Linares-Ceviche.

ARTURO
¿Se disolvió?

SAN JAVIER
Sí. Marceau se unió a Gran Paraná, y Linares y Ceviche se abrieron por su cuenta. Dicen las malas lenguas que por un problema de coimas.

ARTURO
¿Tenés la llave?

SAN JAVIER
¿Qué?

ARTURO
La llave que te di a la tarde. ¿Me la das?

SAN JAVIER
Sí, claro.

ARTURO
(Mirando hacia la cocina.)
No te puedo explicar ahora en detalle. Es la mujer de un socio, la ex-mujer, casi, se están separando. La conocí por él, ya te voy a contar. Nos metimos con este Alejan-

dro en un negocio que salió como el culo, se fue todo al carajo, y yo ya no puedo confiar en él.

SAN JAVIER
 Está bien, está bien.

ARTURO
 Y la ex-mujer andaba necesitando una mano con el divorcio... asuntos jodidos por la tenencia de... y la conocí.

SAN JAVIER
 Está bien.

ARTURO
 ¿No te dio una cassette?

SAN JAVIER
 ¿Qué?

ARTURO
 La cassette. ¿No se la pediste?

SAN JAVIER
 Me mostró unos cassettes, pero...

ARTURO
 ¿Dónde está?

SAN JAVIER
 No. No me los dio.

ARTURO
¿No se la pediste?

SAN JAVIER
...

Entra ÁNGELES.

ÁNGELES
No puedo prender el horno.

ARTURO
¿No estaba prendido?

ÁNGELES
Se apagó cuando lo puse en piloto.

ARTURO
El horno no tiene piloto.

ÁNGELES
Entonces se apagó. No lo puedo prender. No sé qué le pasa. A lo mejor está saliendo gas. ¿Se fijan? *(Suena el timbre.* ÁNGELES *se sienta.)* Quién podrá ser. Es la basura. Pedile que mire si hay pérdida.

ARTURO *va a abrir la puerta. Es* MARÍA FERNANDA, *que al entrar ya es* LEANDRA.

ESCENA 6

En casa de SMEDEROVO. ANJA *está echada en un sillón, blanca, lívida.* SMEDEROVO *y* LEANDRA *la apantallan.*

ANJA
    Ya me siento mejor.

LEANDRA
    Un vahído.

SMEDEROVO
    No se esfuerce por hablar, quédese quieta.

LEANDRA
    Es un vahído.

SMEDEROVO
    Tranquila.

ANJA
    Sí.

SMEDEROVO
    ¿No sienten olor a gas?

LEANDRA
Es por la altura, no se acostumbra, no trae suficiente azúcar en la sangre, y le da el vahído. En mi país es muy habitual.

SMEDEROVO
(La mira. ¿Qué sabe ella de azúcar en la sangre?)

LEANDRA
Se llama el "vahído de la cabra". No es nada. Ya pasa.

ANJA
Sí, ya pasa.

TERZOV
(Apartado del grupo.)
Qué bueno que hayas venido de tan lejos.

ANJA
Sí. Quería verte.

TERZOV
¿Dejaste la casa sola?

ANJA
No, no. Irene se queda a cuidar todo. Irene es mi hermana menor.

TERZOV
¿Le explicaste cómo funciona la estufa?

ANJA
　　Sí, sí, le expliqué, no te preocupes. Ya me siento mejor. Traje esto. *(Saca algo de la cartera.)*

LEANDRA
　　Mmh, qué ricos. ¿Qué son?

ANJA
　　Son unas cánepas. Hay dulces y saladas, hay de las dos, las preparé yo misma antes de venir, espero que les gusten y que no se hayan aplastado, es la primera vez que las hago. Perdonen, no es nada. Tenía que venir, estoy tan sola.

LEANDRA
　　Tranquila, no se esfuerce. No dudo que serán unas cánepas riquísimas. ¿Qué son?

ANJA
　　Hay dulces y saladas, hay de las dos. Las preparé yo misma antes de venir.

SMEDEROVO
　　¿Qué son?

ANJA
　　Ya me voy a sentir mejor.

LEANDRA
　　Su marido está con más color.

TERZOV
Sí.

SMEDEROVO
No es verdad. *(Todos lo miran.)*

TERZOV
Supongo que... por un momento todos pensaron que esto podía funcionar.

SMEDEROVO
Teníamos un acuerdo.

TERZOV
Ya lo sé.

SMEDEROVO
Un acuerdo brutal y económico.

ANJA
¿Qué... pasa?

LEANDRA
Nada, nada... Cosas entre ellos.

SMEDEROVO
No puedo no ser honesto con usted, Anja. No hace falta que le diga que es mentira que no lo hemos intentado todo.

ANJA
 ¿Cómo?

SMEDEROVO
 La novela no avanza.

TERZOV
 Ni siquiera es una novela.

ANJA
 ¿Es cierto eso?

TERZOV
 ¿Qué esperabas?

ANJA
 No, Mirko, por favor... No me hagas esto.

LEANDRA
 Tal vez tengan cosas que discutir los dos. Los dejamos unos momentos. *(Sale y se lleva a* SMEDEROVO.*)*

ANJA
 Mirko, ¿por qué?

TERZOV
 No puedo. Lo siento. Lo intenté pero no pude. Se acabó la farsa. Es tu culpa, aunque sé que no buscabas causarme ningún mal.

ANJA
>Hice lo que pude. Todos hacemos lo posible. No quiero que te mueras.

TERZOV
>Leandra está enamorada de mí. *(Pausa.)* No quiero morirme.

ANJA
>¿Es cierto eso?

TERZOV
>Sí.

ANJA
>¿Por qué hacés tanto daño a quienes quieren ayudarte?

TERZOV
>...

ANJA
>¿Por qué?

TERZOV
>Es tu forma de ver las cosas. Ellos no quieren ayudarme. Quieren hacerse ricos con la novela de tu padre.

ANJA
>Shh, ahora no.

TERZOV
 Es tu culpa.

ANJA
 No lo planeé así. Cuando Smederovo leyó el manuscrito en casa de mamá y se interesó tanto pensé que sería muy sencillo... que quizás hubieses podido...

TERZOV
 Claro, había que conseguir dinero, vendiste una cama como leña, vendiste unas manijas de bronce, ¿por qué no vender una novela, también? ¿O unos animales domésticos, o la vereda...?

ANJA
 Podría haber salido bien... Irene y yo...

TERZOV
 ¡No me humilles más!

ANJA
 Lo siento. *(Pausa.)* Estuve pensando. Cómo ayudar.

TERZOV
 No voy a continuar esa novela.

ANJA
 Ya sé. Sólo necesito que no interfieras. Yo... escribí algo... y tal vez podamos ganar un poco de tiempo, si le hacemos creer que...

TERZOV *hace un gesto vago, que ella interpreta como un acuerdo.*

ANJA
Muy bien, dejame a mí. ¡Doctor! ¡Smederovo!

SMEDEROVO
(Entrando.)
¿Sí?

ANJA
Supongo que le gustará saber que traje de casa este otro manuscrito... *(*TERZOV *la mira.)*

SMEDEROVO
¡*La Parranda*!

ANJA
Es el segundo capítulo... de la novela de mi marido... Supuse que querría revisarla... la ortografía, puntuación y...

TERZOV
¡¡Mi ortografía es perfecta!!

ANJA
Bueno, aun así... puede haberse filtrado algún error. A veces las pasiones corren más desbocadas que la letra.

TERZOV
No. Mi ortografía es perfecta.

ANJA
 Algún error... involuntario.

SMEDEROVO
 ¿Puedo?

ANJA
 Todo suyo.

SMEDEROVO
 (Toma el texto y lee.)
 "Duvrov recibe en silencio las barajas, naipe tras naipe, cinco navajas sobre el paño oscuro de la mesa. Masha, a su lado, tiembla y suspira. 'Verá usted, Masha, por qué un hombre es capaz de jugárselo todo a una sola carta.' El croupier acaba la ronda y Duvrov levanta, con su única mano, una a una las barajas. Son buenas cartas, y aun así podría perder. '¿Cuánto suma eso?', suspira Masha en su oído, su aliento fresco, álgido y trémulo se posa sobre el negrísimo bigote del otro. '¿Cuánto suma eso?', repite, '¿No tiene que deshacerse de la reina de pique?'. Pero él querría besarla, querría besarla suavemente y que el verde paño fuera el césped de su patria, las colinas soleadas de la juventud y de la dicha. Duvrov sabe que no volverá a ser feliz, sabe incluso que nadie lo será cuando él muera. Quiere olvidar su suerte, pero las cartas pesan en sus dedos como anclas en un fondo de mar espeso, añosas anclas con cadenas de gigantes nudos de hierro, y lo acomete una pesada sordera, un sopor de lechos barrosos y peces de temible aspecto sobre los que se acumula, sinuosa, la oscuridad más implacable..."

ANJA
Bueno, al final gana la partida, pero su tristeza es ya infinita.

TERZOV
Sí. Escribí ese fragmento como si el lector ya supiera que Duvrov se va a suicidar esa misma noche.

ANJA
¿Cómo?

TERZOV
Recuerdo muy bien lo que escribí allí.

ANJA
Por favor.

TERZOV
Duvrov gana la partida, pero devuelve todo al croupier.

SMEDEROVO
¿Por qué?

ANJA
¿Por qué?

TERZOV
¿Por qué? Por modestia. He allí la clave del relato.

Pausa.

SMEDEROVO
Estoy muy conmovido.

ANJA
Ya ve. Tendrá usted una novela magnífica, exquisita, Smederovo. ¿Lo estoy pronunciando bien?

TERZOV
Si me permiten los dos, voy a vomitar. Sangre, probablemente.

ANJA *intenta salir tras él, pero* SMEDEROVO *la detiene.*

SMEDEROVO
No le haga caso. Es normal. ¿Estaba esto en su poder?

ANJA
Sí, claro. Terzov me pidió que se lo trajera, dijo que quería trabajar sobre la partida de naipes. A lo mejor corrige lo de los peces.

SMEDEROVO
Nunca lo mencionó. ¿Hay más?

ANJA
¿Que si hay más?

SMEDEROVO
Es un material de primera. ¿No? Me pregunto si hay más.

ANJA
Bueno, la estructura total de la novela está planteada... todo está allí. En una obra maestra, según dicen, las diez primeras líneas contienen el todo.

SMEDEROVO
Es fantástico. Su forma de pensar es fantástica.

ANJA
No dudo que pronto tendrá su novela.

SMEDEROVO
Él se repondrá, estése tranquila.

ANJA
No sabe lo feliz que me hace.

SMEDEROVO
Se preocupa por él.

ANJA
Lo amo. Haría cualquier cosa por él.

SMEDEROVO
Todos lo amamos.

ANJA
Es él, que se hace amar así.

SMEDEROVO
Sí.

ANJA
No se confunda. Es como un chiquillo. Busca protección. Y tiene miedo.

SMEDEROVO
Mi mujer también lo ama. Y yo, naturalmente. *(Pausa.)* ¿Usted ha leído el resto de la novela, de los manuscritos para la novela?

ANJA
Sí. Bueno... todo está allí, ¿no? En una obra maestra...

SMEDEROVO
¿Leyó lo que sigue? ¿Es bueno? ¿No se vuelve a enfatizar la importancia de la batalla? Porque lo de la parranda está muy bien, marca un territorio posible... Pero, ¿se retoma lo de los héroes, aquello tan desolador de "los héroes esparcidos inertemente, como otros absurdos pliegues de la tierra"? Lo he memorizado con una naturalidad... ¿Por qué devuelve todo al croupier? ¿Cuánto falta?

ANJA
Bueno... ¿Él no se lo dijo?

SMEDEROVO
Él apenas me habla.

ANJA
Pobre. Es muy humilde, no querrá ilusionarlo. Son quince manuscritos.

SMEDEROVO
　Excelente.

ANJA
　Sí.

SMEDEROVO
　¿Cuándo me los enviará?

ANJA
　Oh, no... yo no puedo... Es él el que lo decide... es muy cuidadoso, y revisa cada coma miles de veces... Él le dirá.

SMEDEROVO
　Sí. *(Pausa.)* ¿Se siente mejor?

ANJA
　Sí, mucho mejor.

SMEDEROVO
　Le traeré unas sales. Y miel del Ártico, para el catarro. *(Sale.)*

ANJA *queda sola, pero ya es* ÁNGELES.

ESCENA 7

MARÍA FERNANDA, SAN JAVIER y ARTURO *vienen de la cocina.*
MARÍA FERNANDA *tiene el vestido empapado; se ha prendido fuego con la explosión del horno y le tiraron agua encima para apagarlo. Entran riéndose.*

MARÍA FERNANDA
...igual vino bien para saber que el gas de los sifones no es bustible. Mientras no se me chamusque el pelo, un baño de soda no es tan grave.

ARTURO
Sí. Suerte que había sifones a mano.

SAN JAVIER
¿No te llegó a quemar la piel?

MARÍA FERNANDA
No. Me podría haber quemado viva, inmolada como una bonza. Y no es la primera vez que pasa, en el edificio. Son casas viejas, los quemadores están todos tapados.

SAN JAVIER
El vestido no se salva.

MARÍA FERNANDA
 Sí, ya está. No importa.

ARTURO
 A ver si te entra algo de mi mujer.

ÁNGELES
 ¿Qué le vas a dar?

ARTURO
 No sé. ¿Qué tenés?

ÁNGELES
 No sé. Toda ropa nueva.

MARÍA FERNANDA
 Está bien, no importa.

ÁNGELES
 ¿Te querés envolver en una toalla?

MARÍA FERNANDA
 ¿Qué?

ARTURO
 Te traigo un sweater mío.

ÁNGELES
 Dejá. Voy a ver qué encuentro. *(Sale.)*

ARTURO
 ¿Ya vino Alejandro a llevarse las cassettes?

MARÍA FERNANDA
 No sé. Yo creo que vino por lo de Lucía. Ahora está con Ana y Raúl, que no saben qué hacer con ella. Está desconsolada, pero no quiere hablarme. Desde lo de judo.

ARTURO
 ¿Le dijiste lo de la custodia de los chicos?

MARÍA FERNANDA
 No.

ARTURO
 ¿Por qué no?

MARÍA FERNANDA
 ¿Qué querés? ¿Qué lo ponga sobre aviso?

ARTURO
 Justamente.

MARÍA FERNANDA
 Estamos hablando de mis chicos, ¿me entendés? Yo sé lo que hago.

ARTURO
 Son chicos grandes. No te preocupes tanto. No entiendo por qué no te llevás a Lucía y Rodrigo a...

MARÍA FERNANDA
 (Por SAN JAVIER.*)*
 No lo voy a discutir delante de extraños.

ARTURO
 Está bien, es un amigo.

SAN JAVIER
 No, no, está bien. A lo mejor ya es hora de que me vaya...

ARTURO
 Estás loco, no tenés micro hasta la una. Te vas después de cenar. *(A* MARÍA FERNANDA.*)* ¿Cuántas cassettes había?

MARÍA FERNANDA
 No sé. Cinco. Seis.

ARTURO
 ¿Cinco o seis? *(Cuenta con los dedos.)* Tiene que quedar todavía el de Azcona, el de Onetto...

MARÍA FERNANDA
 Seis. Quizás siete.

ARTURO
 Entonces falta una.

MARÍA FERNANDA
 O dos. No sé.

ARTURO
>   (A SAN JAVIER.)
>   ¿Vos no la agarraste?

SAN JAVIER
>   Yo no.

MARÍA FERNANDA
>   Sí, el cassette que te mostré, un TDK, ¿no te lo llevaste?
>   A lo mejor lo agarraste y ahora no te acordás.

SAN JAVIER
>   No. ¿Para qué? Ni siquiera sé qué hay...

ARTURO
>   ¿Un TDK? ¿Estás segura?

MARÍA FERNANDA
>   Sí, creo.

ARTURO
>   Ya sé lo que pasó.

Entra ÁNGELES, *con una hamaca paraguaya.*

ÁNGELES
>   Qué susto, ¿no? Yo le tengo terror a los hornos. *(Por la hamaca.)* ¿Querés probarte esto?

ARTURO
>   Andá a buscar un sweater.

ÁNGELES

Sí, la encontré revisando. Voy a buscar otra cosa. *(Va a salir.)* Yo sé lo que mucha gente piensa. Pero a veces es bueno hacer el ejercicio contrario, también. Todos somos iguales: pasamos al lado de un coreano y nos damos cuenta por el olor. *(Ahora directamente a* ARTURO.*)* ¿Pero vos no pensaste al revés? ¿No se te ocurre que para los coreanos VOS olés mal? *(Sale.)* Tengo toda ropa nueva, la vieja la di al Ejército de Salvación y nunca me preocupé por averiguar qué hacían... con mi ropa...

ESCENA 8

En escena han quedado ahora TERZOV, SMEDEROVO *y* LEANDRA, *empapada.*

SMEDEROVO
Vas a coger una gripa.

LEANDRA
Voy a estar bien.

SMEDEROVO
Andá a cambiarte. A ponerte ropa seca.

LEANDRA
Pensé que era él... llovía tanto que no...

TERZOV
¿No irán a echarme la culpa a mí, ahora?

SMEDEROVO
Andá. Cambiate.

LEANDRA
¡Usted nos está destrozando!

SMEDEROVO
Tranquila, Leandra. Creo que todos nos debemos una conversación.

TERZOV
Muy bien. Bajé al pueblo, esta mañana. Conseguí trabajo. En la barbería. Les pagaré tan pronto como cobre mi primer sueldo.

LEANDRA
Llegó empapado, lo agarró la lluvia...

TERZOV
No. Apenas unas gotas. Me sequé en la estufa.

LEANDRA
Pensé que estaba afuera, todavía... Lo esperé durante horas.

TERZOV
¿Ah, sí?

SMEDEROVO
Teníamos un trato.

TERZOV
No, no, de ninguna manera. *Ustedes* tienen un trato con mi mujer, y ya veremos cómo se las arreglan para llevarlo a buen puerto.

SMEDEROVO
Un trato que lo involucra.

TERZOV
Lamentablemente.

SMEDEROVO
No le vamos a permitir que se muera.

LEANDRA
Que se vaya. ¡Hacé que se vaya!

SMEDEROVO
Eso no es posible. Usted sabe que se va a morir. ¿Por qué no colabora? ¿Por qué todos no hablamos claro?

TERZOV
¿Qué quiere? ¿Qué me da a cambio?

SMEDEROVO
Si no le interesa el confort que nosotros podemos...

TERZOV
(Interrumpiéndolo, vivamente irritado.)
¡Por supuesto que me interesa el confort! Me interesa el placer. Yo sé que a pocos kilómetros de aquí, cruzando esa frontera, se matan de a cientos y a nadie le importa. Yo no quiero tener que ver con ellos, ni con su fanática guerra. Me inclino naturalmente hacia el placer, y no precisamente porque sea más sencillo. ¡La literatura es

lujo! ¡Debe serlo! Me son necesarias algunas comodidades. Con un fusil en la mano y mi pueblo en llamas no haría más que escribir cosas frívolas. Hay que saber ver. Hay que elegir. Es necesaria mi tranquilidad para que el sufrimiento de aquéllos cobre alguna belleza.

SMEDEROVO
¡Escriba, entonces! ¡Escriba eso, eso que acaba de decir!

LEANDRA
Eso es muy bueno.

SMEDEROVO
"Con un fusil en la mano", ¿cómo era?... "Con un fusil y..."

TERZOV
¡Es que no puedo! ¡No puedo! No sé por qué permito que me vean así... *(Sale a su habitación.)*

LEANDRA
No es la primera vez que sale. Este mes tuvo ya otros dos trabajos. Lo echan enseguida, no sabe hacer nada.

SMEDEROVO
¿Por qué no me lo dijiste?

LEANDRA
Yo... No estoy segura de quién tiene razón.

SMEDEROVO
Él no se va a curar.

LEANDRA
Y lo único que te importa es que termine esa novela... Es un hombre, ¿me entendés? Es un hombre que sufre, un hombre que ama desesperadamente la vida... que ama a su mujer hasta el punto de someterse a esta humillación con tal de sobrevivir...

SMEDEROVO
No soy yo quien lo humilla.

LEANDRA
¡Somos tan poco para él!

SMEDEROVO
Yo no le deseo la muerte

LEANDRA
Tampoco lo ayudás a que se prepare. No puedo soportar que muera, no sin antes verlo reconciliado con los enemigos.

SMEDEROVO
¿Por qué?... ¿Qué enemigos?

LEANDRA
¿Por qué?

Pausa.

SMEDEROVO
Leandra... Él está perdido. En su etapa final la tuberculo-

sis provoca esta aparente mejoría. La calcificación pulmonar rasga la pleura y el paciente puede respirar normalmente. Pero es el final. A las cuarenta y ocho horas, todo acaba. *(Pausa.)* Y Dios sabe que lo he hecho todo por él. *(Pausa.)* Tenés que escribirle a Anja... y decírselo.

LEANDRA
¿Decirle qué?

SMEDEROVO
Que te envíe los manuscritos. Graziano va a darme una entrevista. Pero va a creer que le mentí, que no los tengo.

LEANDRA
Y eso es cierto.

SMEDEROVO
Tenés que escribirle a Anja, haciéndote pasar por él. Y pedírselos.

LEANDRA
No.

SMEDEROVO
Muy bien. Voy a mandarle un telegrama.

Se escucha toser a TERZOV *en la habitación contigua.*
LEANDRA *y* SMEDEROVO *se miran, en suspenso.*
Es ella quien finalmente corre hacia afuera.

ESCENA 9

Inmediatamente después de la salida de LEANDRA, SAN JAVIER *y* ÁNGELES *aparecen por la puerta opuesta, con unos potes de arroz con leche.* ARTURO *voltea a mirarlos.*

ARTURO
 ¿Encontraste algo?

ÁNGELES
 Sí, se está cambiando. ¿Qué es ella? ¿Ella es la clienta de lo de...?

ARTURO
 Mh.

ÁNGELES
 ¿Pero también es la vecina, no?

ARTURO
 Sí.

ÁNGELES
 Todo le quedaba chico. Yo soy más chica. De tamaño. *(A* SAN JAVIER.*)* ¿Te sirvo más postre? Ay, Dios, ni lo probaste.

SAN JAVIER
   No, todavía no... Está muy frío.

ÁNGELES
   Se come así. Bien frío. Es una receta de verano. El verano coreano es terrible, se enfría el arroz con las especias y la miel, después de hacerlo hervir en leche. Acá uso leche de vaca porque de cabra no se consigue. Me dio la receta la mamá de Sung.

SAN JAVIER
   ¿Quién es?

ÁNGELES
   Una familia coreana, de acá a la vuelta. Pensé que ya te lo había contado.

ARTURO
   Por favor, no empieces otra vez...

ÁNGELES
   (Ensañada.)
   ¿Qué es lo que no tengo que empezar? La verdad es que me sorprende, Arturo, que pienses así. Me sorprende mucho.

ARTURO
   No seas pava. *(A SAN JAVIER.)* Es una larga historia.

ÁNGELES
   No lo vas a aceptar nunca, ¿no? Que te confundiste aquella vez, ¿no?

ARTURO
Bueno, ya está bien.

ÁNGELES
"Mis" amigos no son ningunos ladrones.

ARTURO
No empieces.

ÁNGELES
(A SAN JAVIER; *se muere de ganas de contarle.)*
Una familia coreana. Yo los traje a casa, una vez. Y él había perdido una plata, y cree que se la robaron ellos.

SAN JAVIER
¿Pero no apareció?

ÁNGELES
¿Ves? ¿Por qué preguntás eso?

SAN JAVIER
Porque...

ÁNGELES
No, no, ¿por qué cada vez que se cuenta la anécdota todo el mundo pregunta: "¿cuánta plata era?", "¿no llamaron a la policía?", "¿los agarraron?" ? Nadie pregunta por ellos, quiénes son, de dónde vienen, cómo se las arreglan...

SAN JAVIER
No quise decir eso, pensé que...

ÁNGELES
Yo los veo crecer adentro del quiosco. Es una familia tipo, una familia tipo es un matrimonio y dos hijos: una nena —Sung—, y un varón. Pero el problema es que esta familia tipo parece que tiene los ojos rasgados, ¿no?

ARTURO
Basta, ¿querés? No hagas el ridículo.

ÁNGELES
El gobierno de Corea hizo un acuerdo con la Argentina y los mandaron para acá. Nadie fue a recibirlos. Claro, y ahora nos llenamos la boca hablando de los italianos, los alemanes, los polacos que vinieron con los barcos... Pero estos pobres chinos llegaron en avión y no en barco, y tienen los ojos rasgados... Entonces huelen mal, nos vienen a sacar el trabajo, y ahora resulta que son ladrones y se robaron tus dos mil ochocientos dólares...

SAN JAVIER
¿Dos mil ochocientos?

ARTURO
Una comisión, de Marceu-Linares-Ceviche. En esa época era una plata.

SAN JAVIER
¿Una... comisión? Ah.

ÁNGELES
Nadie fue a recibirlos. ¿San Javier es un apellido de qué origen? Me imagino que tu familia llegó a este país y pudo hacerse un lugar. Lugar es lo que sobra. Pero no: la familia de Sung "crece" literalmente dentro del quiosco. Nadie les habla, nadie los saca de allí para que vean otra cosa, nadie les dice cómo llegar a la Recoleta, por ejemplo. Nadie los fue a recibir. Dejaron su patria. Dejaron sus casas, su manera de vestir. Dejaron la tierra en la que enterraron a sus muertos. Dejaron vacíos los muelles, las casas de té, los jardines con esculturas milenarias. Cambiaron todo por un quiosco diminuto, por una ciudad en donde nadie se para a hablarles.

ARTURO
Bueno, es difícil hacerse entender con ellos...

ÁNGELES
¿Y cómo querés que aprendan el idioma si nadie les habla?

ARTURO
Bueno, pero de ahí a pasarte al otro lado y...

ÁNGELES
¿Al otro lado? Ah, ¿entonces hay dos lados? Nosotros acá, de este lado del quiosco, y ellos allá, con sus cosas, con sus recetas, su religión...

ARTURO
(A SAN JAVIER.)
Hizo intentos de aprender el idioma...

ÁNGELES
¿Hice intentos, decís? ¡Hice enormes progresos! Puedo diferenciar dialectos del norte y del sur, sé lo que hacen con el plural, y conozco gran parte de su alfabeto...

SAN JAVIER
¿En serio?

ARTURO
Lo cual es admirable. Me gusta que seas así.

ÁNGELES
¿Entonces?

ARTURO
¿Entonces qué?

ÁNGELES
¿Entonces qué decís? ¿Por qué peleás?

Entra MARÍA FERNANDA. *Se ha puesto una bata de dormir, seca, supuestamente de* ÁNGELES.

ARTURO
No tengo nada contra los coreanos. Nada. Podés traerlos todo lo que quieras. Podés seguir yendo a sus reuniones de la iglesia y cantar todos las salmos chinos que quieras. Me caen muy simpáticos los coreanos.

MARÍA FERNANDA
¿Viste cómo te miran? ¿Quién dicen ustedes? ¿Los coreanos de acá abajo? ¿Vieron cómo miran? Como si uno los fuera a matar. Esconden la mirada hasta para darte el cambio. Yo creo que deben ser los únicos a los que los chorros no asaltan, en el barrio.

ARTURO
Son amigos de mi mujer.

MARÍA FERNANDA
¿Sí? ¿Pero ellos nacieron acá o son...?

ÁNGELES
No. Vinieron y nadie los fue a recibir. Nadie les dijo nada. Nadie les dijo "welcome". ¿Vos vas a querer probar el postre?

MARÍA FERNANDA
Sí.

SAN JAVIER
Ahora están llegando rusos. A mí me da una pena. Rusia, todo lo que significó, impresionante... un país que ya no existe.

ÁNGELES
Claro. Hasta los rusos tienen más status que los coreanos, ¿no? Son rubios, son altos...

SAN JAVIER
No creo que nadie los haya ido a recibir, tampoco.

ÁNGELES
Pero es Rusia, ¿no? No es Corea. Rusia, con sus pruebas nucleares, y la Plaza Roja, y Tchaikovski, y todos esos escritores... Pushkin, Dostoievski, Chejov... Voy a traerte postre. Lamento no haberles hecho unos pierogys, o unas cánepas... Tengo arroz con leche. La receta es de unos amigos, de una chica amiga que se llama Sung. *(Sale.)*

MARÍA FERNANDA
¿Qué pasó?

ARTURO
Nada. Está loca. Está obsesionada con eso. Dice que cómo puede ser que todo un país se "mude" adentro de otro, y que a nadie le importe.

SAN JAVIER
¿Pero aprendió el idioma?

ARTURO
Eso dice ella.

SAN JAVIER
No, porque antes me dijo que "sung" quería decir trébol, y ahora dice que es el nombre de la chica.

ARTURO
   Lo peor es que ellos la desprecian. La mamá de la chica me pidió una vez que no la deje ir más al quiosco.

MARÍA FERNANDA
   ¿Qué no la dejes...?

ARTURO
   Sí, como si yo tuviera poder sobre mi mujer.

MARÍA FERNANDA
   Bueno, cómo saberlo...

ARTURO
   Son un pueblo ancestral. Y la desprecian. Se ríen de ella, y ella cree que son tímidos. Que se ríen de timidez.

MARÍA FERNANDA
   ¿Cómo sabés que se ríen de ella?

ARTURO
   Bueno.

MARÍA FERNANDA
   ¿No te gusta que te lleven la contra, no?

ARTURO
   ¿Qué pasa?

MARÍA FERNANDA
   Nada. Es muy noble.

ARTURO
Por favor. Se cree que hace la gran obra.

MARÍA FERNANDA
Bueno, por lo que sea. Aprendió su idioma.

ARTURO
Que ya es mucho más que lo que hicieron ellos.

MARÍA FERNANDA
Bueno, parece que tu mujer tiene razón, al final.

ARTURO
¿En qué?

SAN JAVIER
A lo mejor "trébol" es un nombre de chica.

MARÍA FERNANDA
Parece que los coreanos te debieran algo.

ARTURO
Pero por favor, que se instalen donde quieran, a mí qué me importa.

MARÍA FERNANDA
Bueno, no te enojes conmigo. Yo no tengo nada que ver.

SAN JAVIER
¿Y la plata no apareció nunca?

ARTURO
No. Pero yo no digo que la hayan robado ellos.

OFF DE ÁNGELES
¡A ver si me ayudan con el café! ¡Son muchas tacitas! ¡Yo no sé cuántos somos!

ARTURO
¡Ya va! *(Se levanta y sale por donde salió* ÁNGELES.*)*

ESCENA 10

TERZOV *viene de la calle.* LEANDRA *lo ha estado esperando, en ropa de dormir.*

LEANDRA
  ¿Dónde estuvo?

TERZOV
  Abajo. En el pueblo.

LEANDRA
  ¿Hasta tan tarde?

TERZOV
  Conseguí un trabajo.

LEANDRA
  ¿Otro? ¿Qué pasó con la barbería?

TERZOV
  Tuve que dejarlo.

LEANDRA
  Mejor.

TERZOV

No, realmente lo sentí mucho. Era un trabajo que podría haber aprendido. Se escuchan cosas interesantes en la barbería. Los hombres se dejan afeitar pasivamente y hablan. Un hombre pasó media hora hablando de su cerca. De la madera que se procuró para hacerla, del tiempo que pasó puliendo los listones. Incluso me mostraba sus manos marcadas por el trabajo y las astillas. Sus manos enormes y curtidas apareciendo como trofeos por debajo del delantal blanquísimo. He aquí un hombre satisfecho, feliz con lo que tiene, me dije. Y lo afeité con placer, con humildad. Era un hombre que se merecía esa recompensa. He aprendido mucho en esa barbería. Es necesario escuchar la voz del pueblo.

LEANDRA

¿Pero qué pasó con Duvrov, el triste héroe mutilado? ¿Qué pasó con sus personajes, Terezov, con sus torturadas mentes, con su complejidad psíquica? No puede malgastar su talento escuchando hablar de listones en la barbería...

TERZOV

No se preocupe. Tosí sobre un cliente.

LEANDRA

Qué horror, Terezov, realmente... ¿Cuánto le pagan?

TERZOV

(Saca un dinero del bolsillo y lo deja sobre una mesa.)
Déselo a su marido.

LEANDRA
¿Qué es esto? ¿Quién le dio esta miseria? Este billete salió de circulación hace dos años.

TERZOV
No lo sabía. Haré que me lo cambien, no se preocupe.

LEANDRA
Terzov, siéntese... por favor.

TERZOV
¿Es necesario?

LEANDRA
Tengo que decirle algo.

TERZOV
No lo creo. *(Va a salir.)* Y no se preocupe, voy a saldar mi deuda.

LEANDRA
¡Escriba, entonces!

TERZOV
Me permito manejar mis finanzas como más me convenga. Si quiere que me vaya yo lo entenderé. Pero como verá, estoy haciendo todo lo posible por conseguir el dinero. Mi trabajo también tiene un valor.

LEANDRA
Su trabajo es su novela.

TERZOV
¿"Mi" novela? Pensé que hablábamos de algo que tuviera valor.

LEANDRA
¿Y esto qué es? *(Levanta los billetes viejos.)*

TERZOV
Es algo. Tiene un valor insignificante. Pero es algo. Lo gané de buena ley, rastrillando la tierra de los Fedicis.

LEANDRA
Primero: esto no es nada. Segundo: no rastrille, esa tierra no va a dar nada, este país es estéril. Tercero: ¿leyó mi carta?

TERZOV
Sí.

LEANDRA
Porque si la hubiera leído sabría que... ¿Sí? ¿La leyó? ¿Cuándo la leyó?

TERZOV
Hoy. Ayer.

LEANDRA
Bueno, me pareció que le gustaría saber que... a mí... ¿Qué piensa?

TERZOV
¿Qué pienso de qué?

LEANDRA
De mi carta.

TERZOV
Por favor, no nos obliguemos a esto.

LEANDRA
(Superpuesta a TERZOV.*)*
No, no... no tiene obligación de... al contrario...

TERZOV
(Superpuesto a LEANDRA.*)*
Prefiero...

Pausa. TERZOV *va a salir.*

LEANDRA
¿Qué le pareció mi carta?

TERZOV
Eso es privado.

LEANDRA
Sí. *(Insiste.)* Dígame algo. Yo sabré entender.

TERZOV
No me parece.

LEANDRA
¿Qué le pareció mi carta? No he podido dormir en toda la noche, pensando en... esa carta.

TERZOV
Sí. Es... simpática.

LEANDRA
¿Simpática?

TERZOV
Escúcheme, Leandra... Estoy haciendo un esfuerzo enorme por...

Pausa.

LEANDRA
No, no, está bien. ¿Por qué simpática?

TERZOV
¿Decepcionada?

LEANDRA
No. Simpática es algo... bueno.

TERZOV
Usted... Su marido... Todos están empecinados.

LEANDRA
Esto no tiene nada que ver con mi marido. Y si quiere le voy a dar este dinero.

TERZOV
Mañana haré que me cambien el billete.

LEANDRA
Está bien. Todavía sirve. Si se lo engoma. Defina "simpática".

TERZOV
¡Estoy tratando de ser agradable!

LEANDRA
Sí. Perdón. *(Pausa.)* No lo hace bien.

TERZOV
No lo hago bien. Tengo que levantarme temprano. *(Va a salir.)*

LEANDRA
Terzov. Mi marido dice que va a morir muy pronto me pidió que no se lo dijera.

TERZOV
Lamento decepcionarlos. Me siento mucho mejor.

LEANDRA
¿Desde cuándo?

TERZOV
Desde anteayer respiro normalmente.

LEANDRA
¡¿Qué es "simpática"?! ¿Por qué me evade siempre? ¿Por qué se niega a escribir su novela?

TERZOV
(Dispuesto a confesar.)
Esa novela... no es mía.

LEANDRA
Nos la debe, nos la debe a todos.

TERZOV
Leandra, esa novela no es mía... Soy incapaz de escribir. Estoy tratando de salvar mi vida. Puedo hacer otros trabajos, hoy he dejado mi marca en el arado, y lo que allí crezca tendrá la forma de mi fuerza.

LEANDRA
No exhiba su humildad delante de nosotros. ¿No se da cuenta de nuestra condición miserable? ¿No ve dónde vivimos? ¿No ve que somos refugiados?

TERZOV
Me voy a dormir. No me esperen a almorzar mañana. Me encargaré de devolverles cada centavo.

Sale. Entra SMEDEROVO *por el lado opuesto.*

SMEDEROVO
No se lo dijiste.

LEANDRA
Traté. ¿Estabas escuchando?

SMEDEROVO
Leandra, no importa cuánto tiempo tardemos, tiene que escribir...

LEANDRA
No lo va a hacer. Y te quiero decir una cosa: empieza a fastidiarme que lo persigas de esa manera. Es un pobre hombre que va a morir. Ni siquiera sabemos si lo que escribe vale la pena.

SMEDEROVO
Por favor.

LEANDRA
Es su idioma, son sus ideas, son sus cosas. ¿Qué podemos saber nosotros? ¿Quién nos da permiso para juzgar su talento? Dice que no lo esperemos a almorzar. Ya no hay nada que almorzar.

SMEDEROVO *saca un dinero y se lo da.*

LEANDRA
¿Y esto?

SMEDEROVO
...

LEANDRA
¿Pudiste convencer a Graziano? ¿La leyó?

SMEDEROVO
No. Acepté ver a los caballos.

LEANDRA
¿Qué caballos?

SMEDEROVO
Se están muriendo de un virus desconocido. Se niegan a comer...

LEANDRA
¿Qué caballos?

SMEDEROVO
¿Qué caballos van a ser? Los de Fedici. Se le están muriendo. Se echan al piso, dejan de caminar, se enrollan y esperan la muerte durante días.

LEANDRA
¿Por qué me decís esto a mí? ¡Qué se yo de caballos! ¿Qué sabés vos de caballos? ¿Por qué preocuparse por los caballos de ellos?

SMEDEROVO
Son... caballos. Tendrías que verlos. Algunos son chiquitos. Me pagaron.

LEANDRA
Pero...

SMEDEROVO
Hay que escribirle a Anja Terezovna. Él se va a morir.

LEANDRA
Dice que no.

SMEDEROVO
Ya te lo expliqué. En la etapa final, la tuberculosis...

LEANDRA
(Interrumpe.)
No podés dedicarte a curar caballos... ¿Y los enfermos? ¿Y el dispensario?

SMEDEROVO
Me echaron.

LEANDRA
¿Te echaron? ¿Por qué? ¿Por qué no me lo dijiste? ¿Qué pasó?

SMEDEROVO
No quieren extranjeros. Supongo que tiene que ver con las revueltas de campesinos, en el oeste.

LEANDRA
Pero...

SMEDEROVO
O quizás sólo querían dejarme sin trabajo para que tuviera que aceptar ver a sus caballos. El veterinario que tenían era también un refugiado.

LEANDRA
¿Un compatriota?

SMEDEROVO
Sí.

LEANDRA
¿Mío o tuyo?

SMEDEROVO
No sé... Se negó a verlos. Tuvo que irse.

LEANDRA
¿Por qué aceptaste?

SMEDEROVO
Se acaba el tiempo. Tenés que escribirle a Anja. Pensé mucho, y es lo que hay. Cuando él muera... Quiero decir que esos manuscritos son lo único que habrá. Tenés que hacerte pasar por él y pedirle a Anja que envíe los borradores. Ya nos encargaremos.

LEANDRA
(Lo considera.)
No.

SMEDEROVO
Tenés que hacerlo. El telegrama no funcionó. Tal vez Anja sospeche algo, no lo sé. No es por nosotros. Nuestras vidas malgastadas no importan. Él tampoco impor-

ta, ya. Pero alguien tiene que hacer que su voz perdure. Tanto dolor en vano. Tanta humillación...

LEANDRA
Él nos humilla. Nos humilla porque es brillante, porque tiene el talento que le falta a todo un pueblo y porque se niega a seguir escribiendo. Y te dejás humillar por egoísmo; te importa lo que él escribe porque creés que eterniza la desgracia de los tuyos... Estás ciego para ver otra cosa, estás ciego para ver que te humilla porque nos desprecia. A veces deseo que se muera de una vez. Lo deseo en serio. Y nunca le deseé la muerte a nadie. *(Va a salir.)*

SMEDEROVO
Leandra. ¿Te acostaste con él?

LEANDRA *lo mira. No contesta. Luego sale.*

ESCENA 11

LEANDRA *vuelve a entrar. Pero es* MARÍA FERNANDA. ARTURO *está armando un porro.*

OFF DE ÁNGELES
Había un fuego en la cajonera, con las herramientas.

ARTURO
Ya está, ya conseguí. *(A* MARÍA FERNANDA.*)* ¿Tenés fuego?

MARÍA FERNANDA *saca un encendedor de su cartera y se lo da.* ARTURO *prende el porro y le da una profunda pitada. Entran* ÁNGELES *y* SAN JAVIER.

ÁNGELES
¿Ya lo encontraste? Un encendedor rojo que decía "Stop". *(Nadie le contesta, pero ve que* ARTURO *devuelve a* MARÍA FERNANDA *su encendedor.)*

ARTURO
(A SAN JAVIER, *siguiendo una conversación anterior.)* ¿Así que eso se dice de Marceau en Rosario?

SAN JAVIER
Bueno, nadie pudo probar nada y todo quedó en unas cuantas amenazas de...

ARTURO
No, no... pero yo no digo eso. No me importa quién hace la ley: soy abogado, ¿o no? Lo que yo digo es cómo cambió todo. Aquello era otra cosa. Éramos estudiantes. Había otro fervor. ¡Si hasta se creía que se podía llegar a tomar el poder! Yo tenía una amiga comunista, Carmen, que me visitaba y yo tenía que esconder unos premios de la escuela secundaria, como si ella fuera a acusarme de algo... Yo tenía que negar esos premios, de alguna manera, esos logros infames... Nos gustaba confundirnos con el pueblo, nos vestíamos como el pueblo, incluso íbamos a los comités de los partidos populares, porque ahí estaba EL PUEBLO. Y el pueblo no ganaba premios, decía Carmen, y yo tenía que esconder esos trofeos espantosos...

ÁNGELES
¿Qué trofeos?

MARÍA FERNANDA
De ahí el término "proletario". Que es el que no tiene más que a su prole. *(Recibe el porro.)* Yo no sé cuántos años más de mi vida seguiré siendo pobre. Pero proletaria, ¡jamás!

ÁNGELES
¿No te gustan los chicos? ¿Qué premios?

MARÍA FERNANDA
¿Qué?

ÁNGELES
Los que ganaste, ¿de qué eran?

ARTURO
Boludeces. Mejor promedio en matemáticas.

SAN JAVIER
(Recibiendo el porro.)
¿Me toca a mí?

ÁNGELES
No me dijiste que habías sido tan buen alumno.

MARÍA FERNANDA
La que sí fue proletaria fue mi mamá. Toda su vida. Nunca tuvo un mango. Clara y yo éramos su capital, pobrecita, su único capital en términos exclusivamente marxistas... Ni una máquina de coser, pobre mamá, sólo Clara y yo.

ARTURO
¿Qué Clara?

ÁNGELES
No le preguntes. ¿Vos qué sabés?

MARÍA FERNANDA
Mi hermana. Ahora vive en Atlanta.

ARTURO
¿Y se llama Clara? ¿Se llama Clara y vive en Atlanta?

MARÍA FERNANDA
Sí. Clara Evangelina. *(*MARÍA FERNANDA *y* ARTURO *se ríen.)*

ARTURO
(Entre risas.)
¡Qué raro que no le hayan puesto "María Clara"! Si a vos te pusieron "María Fernanda"...

ÁNGELES
Además, en francés, María Clara puede ser una marca de máquina de coser.

MARÍA FERNANDA
No lo tenían pensado. Yo nací después. Pero es cierto que hay una fijación con eso de tener tres hijas y llamarlas María María María María...

ARTURO
¡Qué simpático!

MARÍA FERNANDA
¿Por qué decís "simpático"?

Pausa.

ÁNGELES
Marie Claire, de Singer. ¿Y quién te los dio? ¿El Rotary Club?

ARTURO
¿Los premios?

ÁNGELES
    ¿De qué estamos hablando?

MARÍA FERNANDA
    ¿Qué quiere decir que algo es simpático?

ARTURO
    Eso, ¿de qué estamos hablando? *(Ríe, y contagia a* MARÍA FERNANDA.*)*

MARÍA FERNANDA
    De comunismo, según yo creo, del "peligro comunista". Me acuerdo que de chicas mamá, QUE ERA PROLETARIA, que lo fue toda su vida, me decía: "Todo va a cambiar. En la 'comunidad' todo va a cambiar", nos decía. Yo le hacía preguntas concretas, por ejemplo una noche después de cenar ella se quedó lavando los platos y rezongando porque ninguna de nosotras la ayudaba nunca en la casa, y yo le pregunté si eso también iba a cambiar en la "comunidad".

ÁNGELES
    En Corea... es complicado... pero se podría decir que el régimen es de alguna manera comunista.

MARÍA FERNANDA
    Y ella me dijo que sí, que ahí íbamos a estar obligadas, así dijo, "obligadas" a ayudar. ¿Se imaginan? Para mí la comunidad era como un campamento en San Antonio de Areco, y ya me imaginaba lavando los platos de todo el camping.

¡Qué horror! ¡Un camping sudoroso, con olor a carpa de hule! Evangelina y yo le teníamos horror a la comunidad...

ÁNGELES
Pero eso es porque te amenazaban con eso.

MARÍA FERNANDA
No, mamá no amenazaba... pero yo no quería lavar los platos. Bajo ningún punto de vista.

ÁNGELES
Ah, ahora mismo hay una pila, allá, en la cocina.

Silencio. SAN JAVIER *se tienta de risa.* ÁNGELES *lo ve y se tienta también.*

ÁNGELES
A mí me amenazaban con Dios. Me decían que si no ayudaba en la casa iba a venir San Gabriel Mártir y me iba a arrancar los dientes. Boludeces así. O que si no hacía la señal de la cruz al pasar por una iglesia venía Santa Ágata y qué sé yo qué otra gente... O al revés, la de los dientes era Ágata, y Gabriel era el de... ¿Cuál es...? ¿Es Ágata la que le arrancan los dientes, la de la piel del león... famosa? Teníamos una tía abuela, Ágata, que tampoco tenía un solo diente, eso es lo que me confundía a mí. ¿Quién te daba los premios? ¿El Rotary?

ARTURO
Algunos sí, supongo.

ÁNGELES
A mí me los daba el Rotary. No sabía que tenías premios.

ARTURO
Unas plaquetas, distintivos con leones, una cosa miserable.

ÁNGELES
En mi época el Rotary se metía más en la vida cotidiana.

ARTURO
Me acuerdo... mirá vos... esos premios... Yo corría a esconderlos cuando venía Carmen.

MARÍA FERNANDA
¿A qué edad?

ARTURO
Treinta, treinta y cinco. *(Ambos se ríen en complicidad.)*

MARÍA FERNANDA
¿Y los guardaste hasta esa edad?

ARTURO
Los debo tener, todavía, por ahí.

ÁNGELES
Claro, son cosas que cuesta tirar. Por eso cayó el muro.

ARTURO
¿Qué muro?

ÁNGELES
Por eso el comunismo no es popular. No fue popular por eso. *(A* SAN JAVIER.*)* ¿No?

SAN JAVIER
No sé... Lo popular, ¿es un valor?

MARÍA FERNANDA
Depende cómo se lo mire, ahí está. Depende de la lente.

ARTURO
La lente con que se lo mire.

MARÍA FERNANDA
Miren. Yo hace unos meses me esguincé la muñeca... No voy a decir cómo...

ARTURO *estalla en carcajadas, como si se hubiera dicho lo más gracioso del mundo.*

MARÍA FERNANDA
Y voy al médico, me mandan un yeso, al mes voy a que me lo saquen. Llego a la clínica y me mandan a un especialista, y la especialidad era tan pero tan específica, por ejemplo como si les dijera "antebrazo"...

ARTURO
¿No era la muñeca?

MARÍA FERNANDA
Y llego al consultorio y la imagen es patética: somos cinco o seis adultos con la mano colgando de un pañuelo... no me van a creer esto: TODOS la misma mano.

ARTURO
El antebrazo.

MARÍA FERNANDA
Como si la especialidad fuera: "esguince de antebrazo inferior derecho"... Bueno: ésa es mi idea de pueblo. Cinco o seis tipos, como perritos heridos, con la patita colgando de un pañuelo.

ÁNGELES *lloriquea en silencio.*

ARTURO
Sería un especialista.

MARÍA FERNANDA
No sé, la mano no me quedó del todo bien, igual. Los días de humedad...

Sobreviene una pausa insoportablemente larga. ÁNGELES *llora, o esconde el rostro.* SAN JAVIER *está visiblemente incómodo, pero no quiere ni tiene por qué hacer ningún movimiento.* ARTURO *sonríe por lo bajo.* MARÍA FERNANDA *tiene la mirada perdida y se entristece progresivamente, muy quieta en su lugar.*

Luego, ÁNGELES *se levanta y sale velozmente.* ARTURO *y* MARÍA FERNANDA *se miran. Ella le hace un gesto que él interpreta como un "Andá a hacer algo por ella".* ARTURO *se levanta de mala gana y sale tras* ÁNGELES.

MARÍA FERNANDA
¿No me alcanzás los cigarrillos? Están en mi cartera.

SAN JAVIER *va hasta la cartera, la abre y se queda congelado. Ha visto el revólver de la escena primera.*

MARÍA FERNANDA
Los cigarrillos.

Afuera se escucha discutir a ÁNGELES *y* ARTURO.

OFF DE ÁNGELES
¡Claro, no tenés nada que ver!

OFF DE ARTURO
Bajá la voz.

OFF DE ÁNGELES
¡Tampoco tuviste nada que ver con lo del Policlínico Bancario!

OFF DE ARTURO
¡Te estoy hablando bien!

OFF DE ÁNGELES
 Andá, andá con ella. Dejame en paz.

MARÍA FERNANDA *decide intervenir. Sale.*

MARÍA FERNANDA
 Ángeles, querida. ¿Vos me podrías pasar la receta que te dio la nena? La chinita...

OFF DE ARTURO
 ¿Ves? ¿Qué decías?

OFF DE MARÍA FERNANDA
 ¿Estás preocupada por alguna cosa?

OFF DE ARTURO
 Dale. Traete unas copitas que abrimos algo.

Suena el teléfono. SAN JAVIER *se sobresalta. Vuelve a sonar el teléfono.*

SAN JAVIER
 ¿Atiendo?

ESCENA 12

SAN JAVIER *es ahora* TERZOV. *No recibe respuesta y levanta el teléfono. Obviamente, el teléfono es un objeto anacrónico en esta historia. No importaría que fuera un teléfono celular, en cualquier caso no habría que disfrazarlo de antiguo.*

TERZOV
Ciao. (...) ¿Quién le habla? (...) ¿Graziano? (...) No sé si está.

Ve a SMEDEROVO *en la puerta.*

TERZOV
Sí. Está. *(Le pasa el teléfono.)* Un tal Graziano. Quiere hablar con usted.

SMEDEROVO
(Acepta el tubo.)
Diga. (...) Es muy amable en llamar... Yo... (...) ¿Cómo? (...) Sí, ayer estuve allí... (...) Sí, claro, estuve viendo sus caballos. El señor Fedici supo que a mí... (...) ¿Cómo dice? (...) No. Pensé que me llamaba por Terzov, Mirko Terezov. Por lo que le dejé. (...) Entiendo. (...) Una emergencia. (...) ¿Qué síntomas tienen? (...) Probablemente, sí... Sus caballos van a morir, Graziano.

TERZOV *empieza a sentirse muy mal. Respira con enorme dificultad.*

SMEDEROVO
Bueno, no sé si tendré tiempo hoy. No creo. (...) Sabrá también que me quitaron la licencia. (...) Bueno, ¿qué esperaba? (...) Dijeron que mis papeles ya no estaban en orden. (...)

SMEDEROVO *continúa hablando, pero mantiene la mirada fija en* TERZOV, *que intenta reponerse, sin éxito.*

SMEDEROVO
No le entiendo. Hable claro, por favor. (...) No puedo ver a sus caballos, no puedo ejercer más la profesión de médico en su país. (...) No veo cómo podría usted ayudarme. (...) Bueno, entonces inyecte a los caballos. No es difícil, busque la yugular, estos animales tienen un cuello enorme, no puede perderse. Inyéctenlos del lado izquierdo, media jeringa cada seis horas.

Entra LEANDRA *y ve a* TERZOV, *que intenta alcanzar algún trozo de papel mientras agoniza. Ella no sabe qué hacer.*

SMEDEROVO
...¿Y por qué me lo dice a mí? ¿Se cree que porque soy médico me resulta más fácil soportar ver a esos caballos agonizando?

Súbitamente, TERZOV *traga una gran bocanada de aire y se repone.*

LEANDRA
¿Qué le pasa? ¿Quiere una camomila?

TERZOV *hace señas de estar mejor. Aún no puede hablar.*

SMEDEROVO
(Que ha seguido los últimos segundos con la mirada clavada en él.)
Disculpe, ¿cómo dijo? (...) Bueno, bueno. Es muy amable. Está bien. Voy para allá. No les den agua, por ningún motivo. (...) Una media hora. (...) No es nada. (...) Me gustaría saber si lo leyó. (...) Bueno, es importante para mí...

TERZOV *vuelve a descomponerse. Se asfixia. Manotea desesperadamente en el bolso que ha quedado sobre el sillón, y que es el de* MARÍA FERNANDA. *Saca de allí un papel y se dispone a escribir en él.*

SMEDEROVO
¡Ahí no! ¡Es mi permiso de residencia!...

LEANDRA
Ahí no, Terezov. *(No sabe bien qué hacer.* TERZOV *le hace unas señas de que le traiga una pluma.* LEANDRA *se acerca unos pasos y le da una.)*

TERZOV *escribe desorbitadamente. Sangra por la boca.*

SMEDEROVO
No lo sé. La peste del heno, seguramente. Fue lo mismo con los caballos de Fedici, no creo que podamos hacer nada. (...) ¡Por supuesto que no es verdad! Jamás hubo esa peste en mi país, si es eso lo que quiere insinuar... (...) ¡Muy bien, muy bien, eso dicen ustedes! ¡Pero me gustaría aclararle una cosa...!

TERZOV *sale con el papel y la pluma.* LEANDRA *sale tras él. Un segundo después, vuelve a entrar, sola.* LEANDRA *menea la cabeza.* TERZOV *ha muerto.*

SMEDEROVO
(Siempre en el teléfono, pero sin dejar de entender lo que ha pasado.)
Ahora voy. *(Corta. Pausa. A* LEANDRA*:)* Esto no cambia nada. ¿Qué cambia esto?

LEANDRA *llora quedamente.*

Vuelve a sonar el teléfono.

SMEDEROVO
Deciles que ya salí para allá. Que no les den agua. No menciones nada. *(Sale con un maletín de médico.)*

El teléfono sigue sonando. LEANDRA *atiende y escucha en silencio. Sin contestar, lo deja sobre la mesa y lo observa.*

ESCENA 13

Súbitamente, LEANDRA *se transforma en* MARÍA FERNANDA. *Vuelve a tomar el teléfono y marca un número.*

MARÍA FERNANDA
Hola. Soy yo. (...) Ya sé que recién llegás. (...) Ya lo sé, Alejandro, no importa cómo. (...) Estás con Ana y Raúl. (...) No importa dónde estoy. Basta de jugar conmigo. Decime qué pasó con Lucía. (...) No, no volvió del cine, y obviamente todos suponemos que... (...) Ana y Raúl. (...) No, escuchame vos... (...) No, no soy tu secretaria, ¿te das cuenta? ¿Lo tenés presente? (...) ¡No estaban en el departam...! (...) Ya me fijé. (...) ¿Ah, sí? *(*MARÍA FERNANDA *corta visiblemente irritada.)*

ÁNGELES
(Entra seguida de SAN JAVIER. *Éste lleva la camisa arremangada y se supone que ha estado lavando los platos.* ÁNGELES *está siguiendo una conversación con él, presuntamente iniciada afuera.)*
...Y entonces dividieron en Corea del Norte y Corea del Sur. Tienen cada uno su capital. Son dos países completamente distintos. *(Entra* ARTURO.*)* Porque todo el mundo habla de Vietnam, pero de lo de Corea nadie se atreve a hablar. *(Súbitamente, a* ARTURO.*)* ¿Podemos hablar?

ARTURO
Ahora no.

MARÍA FERNANDA
 Acabo de hablar con Alejandro.

ARTURO
 ¿Lo llamaste?

MARÍA FERNANDA
 Sí.

ARTURO
 ¿Le dijiste lo de la tenencia?

MARÍA FERNANDA
 No.

ARTURO
 ¿Y para qué lo llamaste?

ÁNGELES
 ¿Lo extrañás? *(Los dos la miran como si fuera un marciano.)* ¿Se están divorciando?

ARTURO
 ¿Qué te dijo?

MARÍA FERNANDA
 Estoy preocupada. Voy a subir.

ARTURO
 No, pará. Si subís ahora se va a dar cuenta de que estabas acá. Esperá un poco, ¿querés?

ÁNGELES
¿Y por qué no puede estar acá? ¿No somos vecinos? ¿No nos conocemos todos, ya?

MARÍA FERNANDA
Voy a subir. Si pregunta le digo que llamé del público de la esquina.

ÁNGELES
No anda. Hace días que le arrancaron el tubo y pintaron "Fuck you" con aerosol.

ARTURO
Pero esperá un poco, ¿querés? ¿Qué es lo que te preocupa tanto?

MARÍA FERNANDA
¡Lucía!

ARTURO
¿Querés que lo llame y le pregunte?

MARÍA FERNANDA
A vos no te va a decir nada.

ARTURO
Bueno, pero le digo que soy el concejal Onetto, que quería saber si...

MARÍA FERNANDA
Te va a reconocer. Va a ser peor.

ARTURO
 Puedo cambiar la voz. No seas tan...

MARÍA FERNANDA
 ¡No!

Los dos miran a SAN JAVIER. *Silencio.*

ARTURO
 ¿Y si te pido un favor? No, dejá, dejá.

Silencio.

SAN JAVIER
 (Con visible temor.)
 ¿Qué sería?

ARTURO
 Una boludez. Que llames por teléfono a un socio mío y le preguntes una cosa... a ver si se queda tranquila de una vez.

SAN JAVIER
 Bueno, si es sólo eso...

ARTURO
 Decís que sos el concejal Onetto. Jorge Onetto. Él te va a saludar muy cálidamente. No tiene mucha idea de quién sos, pero conoce muy bien tu nombre y te hizo llegar una cassette, que después él mismo fue a retirar de tu despacho mientras todavía estabas de vacaciones en

Pinamar, así que vos nunca la oíste. La retiró de tu secretaria, y estaba metida en una caja envuelta como si fueran bombones, se llevó la caja intacta...

SAN JAVIER
¿Cómo se llama la secretaria?

ARTURO
Eh... *(A MARÍA FERNANDA.)* ¿Finamore? ¿Ágatha? ¡Patricia!

SAN JAVIER
Patricia.

ARTURO
Sí, eso. Que Patricia te dijo que primero le enviaron una cassette, y que después...

SAN JAVIER
¿Le digo que sé que es una... un... cassette? ¿Cómo sé que había un cassette en los bombones si no llegué a abrirlo porque estaba en Pinamar? ¿Patricia lo abrió?

ARTURO
(A MARÍA FERNANDA.)
¿Alejandro lo llamó a Onetto para avisarle que se le enviaba una copia de la cassette?

MARÍA FERNANDA
No sé. Lo escuché llamar a Finamore, a Azcona... Creo.

¿Azcona es el del Volvo azul, no?... Pero con este otro no sé si habló.

ARTURO
Bueno. Mirá, decí "el paquete", por las dudas. ¿Estamos?

SAN JAVIER
No, no... No entiendo cómo la secretaria devuelve unos bombones... ¿Con qué excusa Alejandro le pide a una secretaria que le devuelva unos bombones si todavía no los abrieron?...

ARTURO
No es importante. No hables de los bombones. Decí "el paquete" que él ya va a entender...

SAN JAVIER
¿El paquete? *(Desconfiado, sonríe a su pesar.)* Suena un poco... raro... como si se tratara de una extorsión... de algún tipo.

ARTURO
(Asiente.)
Es todo muy menor, mafias muy menores, cuestiones partidarias, no te hagás drama. Le decís que sabés de la existencia del paquete, y le preguntás cómo está Lucía. Lucy.

MARÍA FERNANDA
¿Lucy?

ARTURO
Lucy. Cómo está Lucy. Decile que estás preocupado por la chica, pero todo muy afable, como si fuera una invitación a un asado. ¿Está claro? Lo saludás y cortás.

MARÍA FERNANDA
(Muy preocupada, repite: "Lucy", y marca el número en el teléfono. Se lo da a SAN JAVIER, *que no tiene casi tiempo de reaccionar.)*
Ya llama. No le digas nada de mí.

SAN JAVIER
Hola. (...) Qué tal. ¿El señor Alejandro... Alejandro...? *(No sabe el apellido. Hace señas.)*

MARÍA FERNANDA
Gaybrecht.

SAN JAVIER *No entiende lo que le dicen.*

ARTURO y MARÍA FERNANDA
Gaybrecht.

SAN JAVIER
¿Alejandro Gaybrecht? (...) Ah, ¿cómo le va?... Le habla...

ARTURO
¡"Te"! ¡"Te" habla!

SAN JAVIER
Eh... Onetto, te habla. (...) Sí. Jorge. ¿Cómo andás? (...)

Bueno, eso ahí anda, todavía. (...) Sí, ¡qué se le va a hacer! (...) Gajes del... (...) Dígame una cosa, Galbrecht...

ARTURO
¡"Decime"!

SAN JAVIER
A ver... Pará un cachito... *(Trata de poner el teléfono en mute.)* ¿Dónde está la pausa? ¿Dónde está PAUSE? *(ARTURO toma el teléfono y lo pone en mute.)*

ARTURO
¿Qué pasó?

SAN JAVIER
No va a salir. Se va a dar cuenta.

ARTURO
No importa. Ni te conoce. Después yo le explico.

MARÍA FERNANDA
Que le pregunte por Lucía. Hacé que le pregunte por Lucía.

ARTURO
Sí, por Lucy. Pero no te olvides de decirle lo de la cassette.

MARÍA FERNANDA
¿Qué te importa ahora eso?

ARTURO
Quiero saber si la dejó. Sospecho que Alejandro nunca fue a retirarle el envío, y que está ahí, todavía en su escritorio, esperando.

SAN JAVIER
¿Pero no me dijiste que se supone que yo no sé qué hay en los bombones?... *(Le ponen el teléfono de vuelta entre las manos.)* ¿Hola? Sí, disculpá, un percance en casa. (...) No, nada. No es en casa, es en la oficina... (...) ¿Azcona? (...)

ARTURO
¡Azcona bien! ¡Azcona bien!

SAN JAVIER
Bien...

ARTURO
En Punta...

SAN JAVIER
¿Eh?

ARTURO
En Punta, Punta...

MARÍA FERNANDA
Punta del Este.

SAN JAVIER
Bien, sí, en Punta del Este... (...) Y sí, así les va a algunos

que conozco, qué se le va a hacer. Decime una cosa... Me comentó Patricia que me mandaste... (...) Patricia. *(Tapando el tubo, a* ARTURO.*)* Dice: "¿Qué Patricia?". No sabe quién es Patr...

ARTURO
Entonces Ágatha. ¡Ágatha!

SAN JAVIER
Eh, Ágatha, me comentó... (...) Sí, Patricia es la de la mañana... (...) Que me mandaste aquello, y quería saber... (...) Sí. (...) Sí. (...) Naturalmente. (...) Me imagino. (...)

ARTURO
¿Qué dice? ¿Qué dice?

SAN JAVIER
(No contesta, y escucha muy atentamente. Responde con gran seguridad.)
Sudáfrica. (...) Sí. (...) Sí, eso fue después. (...) No, no me cabe ninguna duda que fue una torpeza de parte del comité, lo que no es de extrañar, por otra parte. *(Ríe.)* Un sesenta y dos por ciento menos. (...) Pero por favor, si las urnas están locas, locas... (...) No, pero no nos van a querer dar el quórum, ya nos ha pasado en otras localidades. (...) Es así: vos tomás un modelo precario, pero con bases que hayan traído un nivel de más o menos... (...) En el 93. (...) Sí. (...) Sí. (...) No, no, nada de eso, lo que me preocupa ahora es lo de la chica... Lucy... (...) Pero... ¿ella está bien, supongo? *(Larga pausa.)*

MARÍA FERNANDA
¿Qué?

ARTURO
¿Qué dice?

SAN JAVIER
(Los hace callar con un gesto rápido de la mano. Le están dictando un número.)
Cuatro, tres, seis, ocho... Sí, sí, ya lo anoto... Nueve, tres, dos, dos. OK. (...) OK.

ARTURO
¡Cortá! ¡Cortá!

SAN JAVIER
Bueno, en todo caso yo... *(ARTURO le arrebata el tubo y corta.)* Cuatro tres seis ocho, nueve tres dos dos.

ÁNGELES
Ése es el número de acá.

ARTURO
¿Qué pasó? ¿De qué hablaban? ¿Y Lucía?

SAN JAVIER
Bueno, no me dijo nada en concreto de... Dijo algo de... de... de la chica desnuda y del cassette de Azcona.

MARÍA FERNANDA
¿La chica desnuda? *(A ARTURO.)* ¿Qué pasó?

ARTURO
 Nada, ya te voy a explicar.

SAN JAVIER
 Y el pony.

ARTURO
 ¿Y el qué?

SAN JAVIER
 Y el pony.

Pausa.

ARTURO
 ¿Dijo "pony"?

SAN JAVIER
 La chica... desnuda... en el pony. Dio un teléfono...

ÁNGELES *tiene un ataque de risa y sale.*

ARTURO
 Ángeles, vení para acá un segundo, ¿querés?

OFF DE ÁNGELES
 ¡No me expliques nada! No me expliques más.

MARÍA FERNANDA
 (Saliendo tras ellos.)
 ¿Arturo? ¿Por qué le dio este número?

SAN JAVIER *queda solo. Va a la cartera de* MARÍA FERNANDA, *saca el arma, siempre atento a que nadie vuelva, le quita el cargador, saca las balas, las guarda en un bolsillo, y vuelve a poner las cosas en su sitio. Mientras dura esta acción, se escucha a los tres discutir afuera:*

OFF DE ARTURO
 ¡Qué sé yo! Se habrá dado cuenta que éramos nosotros.

OFF DE MARÍA FERNANDA
 Entonces sabe que estoy acá.

OFF DE ARTURO
 ¿Y qué te importa eso?

OFF DE ÁNGELES
 ¡No me expliquen nada! Cuanto menos sepa, mejor.

OFF DE MARÍA FERNANDA
 Es que esto va a terminar mal. ¿Qué es lo del pony?

OFF DE ARTURO
 No te preocupes, ¿querés? Es todo muy, muy poco importante. Todo medio pelo.

OFF DE MARÍA FERNANDA
 ¡Pero tiene trece años! ¿Qué es lo que está haciendo con el padre?

OFF DE ARTURO
Nada, no entendés. Lucía NO es Lucy. Lucy no existe. El pony no existe. Alejandro se dio cuenta que éramos nosotros y quiso...

OFF DE MARÍA FERNANDA
Dijo: la chica desnuda que cabalga al pony. ¿A quién le dicen Pony? ¿Es por el Volvo? ¿Por el Volvo azul? ¿Es eso, no?

OFF DE ARTURO
Un pony, un pony, un caballo chico, un pony, ¿entendés?

OFF DE MARÍA FERNANDA
¡No! ¡No me toques!

OFF DE ARTURO
Está bien. Tranquila. *(Entra a escena.)*

SAN JAVIER
¿Se puso nerviosa?

ARTURO
Ya se le va a pasar. ¿Por qué no vas vos y le decís que Alejandro se dio cuenta y que se lo hace a propósito? Decile que no hay ningún caballo, ¿querés?

SAN JAVIER
Bueno. *(Sale.)*

ESCENA 14

ANJA *entra.*

ANJA
El agua estará en un segundo.

SMEDEROVO
Gracias.

ANJA
Pasa algo.

SMEDEROVO
No.

ANJA
Estará cansado del viaje...

SMEDEROVO
¿Por qué no me envió esos manuscritos?

ANJA
Sí, recibí su telegrama, pero...

SMEDEROVO
No quiero mentirle, querida Anja... Contábamos con su ayuda, al menos... Las cosas no están bien...

ANJA
Es él... ¿no es cierto?

SMEDEROVO
No, no.

ANJA
Vamos... siempre es él.

SMEDEROVO
No, insisto, no. Él está muy bien. Bueno, él está delicado, pero puede reponerse. Lo cierto es que mi esposa y yo ya no podemos... seguir haciendo esto... sin haber visto todavía...

ANJA
Entiendo...

SMEDEROVO
Supuse que lo entendería, Glotona.

ANJA
¿Qué?

SMEDEROVO
(Se corrige.)
Anja. Disculpe. Siempre me confundo... Hay palabras...

que traen otras que... Yo he perdido mi trabajo. Usted habrá oído lo que dicen... que si la guerra sigue es posible que a todos los refugiados no nos renueven los permisos... Temen que quieran entrar...

ANJA
¿Pero él está bien?

SMEDEROVO
¿Terzov?

ANJA
Sí.

SMEDEROVO
Sí.

ANJA
Cuánto me alegro.

SMEDEROVO
Si le preocupa la peste del heno... Eso también es mentira, no la hemos traído nosotros.

ANJA
No, claro. No. Él... ¿escribió alguna cosa, en estos días?

SMEDEROVO
Por eso vine.

ANJA
   Dele tiempo.

SMEDEROVO
   No ten... Mire, voy a ser directo con usted, Glotona. Me gustaría tener los manuscritos que mencionó. Ése es el precio ahora.

ANJA
   ¿Los manuscritos?

SMEDEROVO
   Sí. Dos capítulos no fueron suficientes. Pero creo que con el resto podré convencer a Graziano.

ANJA
   Es posible, sí. El resto es muy bueno.

SMEDEROVO
   ¿Usted ha leído esos borradores?

ANJA
   (...) Sí.

SMEDEROVO
   (...) ¿Son buenos?

ANJA
   (...) Sí. (...) No sé.

Pausa.

ANJA
No sé. Yo no estoy muy bien, doctor. No tiene por qué escuchar esto... Pero no me siento muy bien.

SMEDEROVO
¿Puede darme esos manuscritos?

ANJA
Sí. No. Bueno, se los daría, si él estuviera de acuerdo...

SMEDEROVO
¿Los tiene aquí?

ANJA
Los tengo.

SMEDEROVO
Él le manda esta carta, le pide que se los envíe. Quiere revisarlos.

ANJA
¿Él le mencionó los diez manuscritos?

SMEDEROVO
Sí. Bueno, dijo quince. Escribió algo sobre quince manuscritos...

ANJA
 Sí, quince, claro. Es un escritor ambicioso, yo se lo había dicho. (...) ¿Y quiere revisarlos? ¿Él le dijo que estos manuscritos existían?

SMEDEROVO
 Sí. Bueno, me pidió que le diera esta carta...

ANJA
 Gracias... qué letra rara...

SMEDEROVO
 Su pulso... ¡Pero él está bien! Pese a todo. Está muy activo. Trabajó en una barbería, ¿sabe? Después en el campo, arando. Está lleno de vida.

ANJA
 ¿Por qué no me escribió nunca sobre esto?

SMEDEROVO
 No lo sé.

Pausa.

SMEDEROVO
 ¿En qué piensa?

ANJA
 Nada. Tuve una sensación. Mi cuerpo entiende esa sensación. Pero mi cabeza no. Bueno... supongo que si esos

manuscritos existen... Porque existen, ¿no?... Supongo que es justo que los tenga. Se los enviaré por correo primera cosa en la mañana.

SMEDEROVO
No, prefiere que los lleve yo.

ANJA
Oh, hay que ordenarlos, poner una hoja detrás de la otra...

SMEDEROVO
Lo haré en el camino, no se preocupe. Son sólo quince manuscritos, me entretendrán durante el viaje.

ANJA
Son quince, claro. Bueno, son... Son trece, ¿sabe? Usted ya tiene dos, así es que quedan trece.

SMEDEROVO
Los que sean. ¿Puedo verlos?

ANJA
Claro. *(Oye el agua en la cocina.)* Ah, ya hirvió, espere un segundo. *(Sale.)*

SMEDEROVO
No, por favor, no salga.

OFF ANJA
Ya le llevo su té.

ESCENA 15

SMEDEROVO *es ahora* ARTURO. ANJA *vuelve a entrar, pero en vez de traer el té, trae un cassette TDK grabado. Ahora es* ÁNGELES. *Tras ella entran* MARÍA FERNANDA *y* SAN JAVIER.

ÁNGELES
(Observando el objeto que tiene entre sus manos.)
Les voy a hacer escuchar este tema. Es música... contemporánea. Se las voy a hacer escuchar.

ARTURO
¿De dónde sacaste esa cassette?

ÁNGELES
No creo que te importe.

ARTURO
Ocurre que me importa. Y mucho.

ÁNGELES
Es música coreana. La grabamos con Sung, de unos discos de Sung. Discos que no se consiguen.

ARTURO
¿Qué había en la cassette?

ÁNGELES
¿No lo sabés? *(Mira a* SAN JAVIER.*)* Se los voy a hacer escuchar.

ARTURO
No te hagás la tonta, que el horno no está para bollos. ¿Qué había?

ÁNGELES
(Lo desafía.)
Joan Manuel Serrat. ¿Por qué?

ÁNGELES *pone el cassette. Se trata del Primer movimiento del "Concierto para clavicordio y orquesta de cuerdas, Opus 40", de Henryk Górecki.* ÁNGELES *señala, en silencio y casi siempre mal, los momentos en los que se supone que la música ofrecerá variaciones dignas de atención. Musita: "Ahora, ahora".*
Mientras se oye la música —que dura cuatro minutos y medio— el clima se enrarece sin que en realidad ocurra demasiado. Sólo la música, poderosa, amenazante, hipnótica, y ARTURO *y* MARÍA FERNANDA *ocasionalmente tentados de risa, en complicidad.* ARTURO *le muestra, tratando de no interrumpir pero evidentemente fastidiado, unas plaquetas y trofeos que tiene por ahí, y que han salido quizás de la cajonera.*
ÁNGELES *está seria, ensimismada, la cabeza gacha, su rigidez inspira silencio. HAY QUE ESCUCHAR LA MÚSICA. En algún momento,* ARTURO *le habla.*

ARTURO
¿Qué, ya no escuchás más a Serrat? *(*ÁNGELES *lo mira. Dura. Implacable.)* ¿Qué pasa? ¿No te gusta más?

ÁNGELES
   Shh.

SAN JAVIER *ha tomado la decisión de irse, pero obviamente debe esperar hasta que el tema musical termine. Va hacia el fondo, donde espera pasar inadvertido, y juguetea con uno de esos adornos de repisa que consisten en unos péndulos con forma de bolas de acero alineados y que producen un movimiento de vaivén continuo cuando se empuja la primera bola de la serie. Con lamentable suerte, el juguete se rompe, cayendo sobre una pecera que está en el estante inferior, que cede, haciendo caer la pecera y algunos libros sobre un enchufe. Se produce un estúpido efecto dominó que concluye, por ejemplo, en un corto circuito, o en la caída accidental de parte de la mampostería. Todos asisten boquiabiertos a la rebelión del espacio, que ha sido sensiblemente destructiva.* SAN JAVIER *no sabe dónde meterse. Musita: "Voy a buscar un trapo" y sale hacia la cocina.* ARTURO *mira a* ÁNGELES, *que le niega la mirada.* ARTURO *se levanta, y sale detrás de* SAN JAVIER.
Sólo cuando las mujeres quedan solas termina la música.

ESCENA 16

ANJA *en su casa.* LEANDRA *sentada frente a ella.* ANJA *guarda silencio.*

LEANDRA
   Usted sabía que esto podía pasar, Anja. Usted hace tiempo que lo sabía. Lamento tener que ser yo la que se lo haya dicho.

ANJA
   ¿Qué queda de los muertos, Leandra?

LEANDRA
   (Súbitamente cambiada.)
   Rencor.

ANJA
   ¿Perdón?

LEANDRA
   Rencor. La muerte deja a los vivos llenos de odio. Usted nos odia, usted lo odia a él por haberse muerto. A nosotros por estar vivos, y él seguramente...

ANJA
   Yo no los odio.

LEANDRA
Nos odiará.

ANJA
No.

LEANDRA
Aún no he terminado. Terezov ha muerto. Todos sabíamos que su vida se agotaba. Él lo veía, y se esforzaba por morir sin dejar a su paso un reguero de odio.

ANJA
Sí, ¿pero qué queda de él?

LEANDRA
Su obra. Queda su obra.

ANJA
(...) ¡Cómo nos hemos adaptado a la situación sin hablar jamás de ella! Voy a confesarle algo: yo me he desmerecido para darle más valor al hombre que amé, al que aún amo.

LEANDRA
¿Qué dice?

ANJA
Yo me he desmerecido. Fue un proceso que me llevó un tiempo. Y no creo que me diera cuenta de lo que pasaba. Yo me empequeñecí a su lado porque creí que él necesi-

taba brillar. Es estúpido, pero lo hice porque lo amaba. Cuando él brilló, por fin, yo empecé a creer que me merecía menos de lo que tenía. Ahora me miro y me pregunto: ¿por qué me visto así? Yo podría haber sido más feliz. Mire lo que le cuento: cuando voy al mercado elijo la fruta que está más pasada, la que nadie se va a llevar. "Ésta es la fruta que me merezco", piensa una parte de mí. "¿Quién, si no, va a querer esta fruta?" Es una estupidez, porque estamos hablando de membrillos, de frutas de estación, pero durante un tiempo pensé que ese sacrificio lo mantendría vivo. También es cierto que los tenderos dejan esa fruta más barata, pero ésa no es la razón... Eso ocurre aparte... No me mire así.

LEANDRA
No, no. Entiendo perfectamente. Su nobleza me humilla. Usted y su marido me humillaron siempre, desde el primer día. Pero no es su culpa. Soy yo. Soy yo. Siempre soy yo.

ANJA
Por favor, no se dé tanta importancia, y menos en esta casa. Es mi vida la que ha venido a destrozar con la noticia. Voy a... puedo ponerme muy violenta si no se va, disculpe.

LEANDRA
Se lo dije: usted nos odia. En cuanto a mi marido, él no tiene la culpa. Hizo lo que pudo. Pero Terezov deseaba morir.

ANJA
Quiero estar sola.

LEANDRA
Una cosa más, Anja. Terezov murió hace dos meses.

ANJA
¿Cómo?

LEANDRA
Fue hace dos meses. No el martes pasado. Mi marido quiso mantenerlo en secreto porque necesitaba los manuscritos que usted guardaba aquí. Yo pude haberme opuesto, y no lo hice. Por primera vez, creo que Smederovo hizo bien. Si la novela se publica, Terezov deja algo más que el rencor de todos los que lo quisimos diferente. Ahora ya lo sabe. Puede ir a la policía, a distintos sistemas de gobierno, si quiere. Pero he venido a rogarle que no lo haga. Mi marido fue noble, confió en él, en su talento, y si esta fe ciega ha sido a costa de usted, le ruego que lo perdone. En todo caso fue el pecado menor. ¿Se siente bien?

ANJA
¿Usted cree que yo puedo hacerles mucho, mucho daño, y por eso vino?

LEANDRA
Vine a decirle la verdad. Yo sé que la verdad no soluciona las cosas. Deme el último manuscrito. Todo lo demás carece de sentido. ¿Por qué no podemos librarnos de los muertos, pero con alegría?

ANJA
(...) ¿Cómo murió?

LEANDRA
Como en estos casos.

ANJA
¿Sufrió?

LEANDRA
Menos que nosotras.

ANJA
¿Lo amaba?

LEANDRA
Sí.

ANJA
¿Por qué?

LEANDRA
No lo sé. ¿Por qué lo amó usted? ¿Por qué lo seguirá amando?

ANJA
¿Dijo algo al morir? ¿Se despidió de mí?

LEANDRA
No.

ANJA
¿No dijo nada?

LEANDRA
Estaba muy ocupado tratando de no morirse.

ANJA
Esto es...

LEANDRA
Terrible.

ANJA
No, esto es... No sé si lo seguiré amando. No soy digna de tal empresa. Él tenía razón en despreciarme, ¿sabe? ¿Por qué habría de valorar en algo a alguien como yo, que me como la fruta cuando ya ha dejado de servir? Él no tiene la culpa. La culpa fue mía, siempre. Yo me he empequeñecido hasta desaparecer. Es mi culpa si la vida pasa a mi lado sin verme.

LEANDRA
¿Por qué no me da el manuscrito? Quiero irme.

ANJA
¿En serio lo quiere?

LEANDRA
Sí.

ANJA
> ¿Lo hace por su marido?

LEANDRA
> Y también por mí.

ANJA
> Muy bien. *(Le pasa una carpeta con papeles.)*

LEANDRA
> Pero esto está en blanco.

ANJA
> Sí. Escriba lo que le voy a dictar: "Masha corre por las escaleras marmóreas del casino, la mirada atónita del croupier aún clavada en ella, el croupier empalidecido sosteniendo las fichas que Duvrov ha puesto en sus huesudas manos. Masha corre entre hombres extraños, que le cierran sin querer el paso, hombres desconocidos, luciendo elegantes trajes ajenos, trajes crema, hombres que planean apostar alegremente. Ella los aparta con sus frágiles codos en su lucha febril por detener a Duvrov. Pero él ya debe estar más allá del elegante jardín del edificio con el arma empuñada en su única mano, el puño firme cerrado ya sobre el gatillo, y los viejos álamos silbando la furia circular del viento, el mismo viento que lame la fina arcilla de los campos de batalla bajo la que yacen, hediondos e inútiles, tantos y tantos hombres..."

ANJA *busca un pañuelo en el bolso, y encuentra el arma.*
LEANDRA *la mira en silencio. Ha comprendido.*

ESCENA 17

Entran SAN JAVIER *y* ARTURO. *Se supone que éste estaba discutiendo con* ÁNGELES *ya de antes.*

ARTURO
(...) ¿Y vos te pensás que yo no tengo que soportar cosas? Y no te hagas la boluda, no te estoy hablando de los coreanos...

ÁNGELES
No me obligues... me estás obligando...

ARTURO
¡Y no me saques ahora lo del Policlínico Bancario como hacés siempre que querés ponerte en la pobre víctima!

ÁNGELES *tiene el revólver de* MARÍA FERNANDA, *y apunta con él a su marido.*

ÁNGELES
¿Sabés lo que pienso del Policlínico Bancario?

ARTURO
¡Guardá eso!

ÁNGELES
¿Querés oír lo que pienso?

ARTURO
¡Te vas a lastimar! ¿De dónde salió eso?

SAN JAVIER
Tranquila, Ángeles.

ÁNGELES
No te metas.

ARTURO
¡Es inaudito!

ÁNGELES
(Apuntando directamente a MARÍA FERNANDA.*)*
¿Desde cuándo?

MARÍA FERNANDA
No te entiendo.

ÁNGELES
¿Qué se piensan de mí? ¿Qué creen que soy yo?

SAN JAVIER
Bajá el arma, Ángeles, va a ser peor.

ÁNGELES
¡Peor! ¡Estoy harta! ¡Del policlínico, de las acusaciones! ¡Hace noches que estoy harta! ¡No te movás! ¡Devolveme la bata!

ARTURO
 Ángeles, por favor, no seas ridícula.

ÁNGELES
 No me tienten. ¡Es mi bata, y entonces resulta que no entiendo por qué!

MARÍA FERNANDA
 Tiene razón. Mejor que me vaya.

ÁNGELES
 ¡Atrás! No me tienten.

SAN JAVIER
 Tranquilos, tranquilos todos. No vamos a solucionar nada así. ¿Qué es lo que querés? ¿La bata querés? *(ÁNGELES asiente.)* ¿Querés que yo la vaya a buscar? *(ÁNGELES asiente. Luego niega.)* ¿Querés tus cosas? ¿Estás mareada?

ARTURO
 No ves que sos una imbécil, ni siquiera fumar podés.

ÁNGELES
 ¿Y si te mato? ¿Y si te mato, y a ella también, soy una imbécil, también? ¿Si me mato y después te mato, soy una imbécil?

SAN JAVIER
 No vas a matar a nadie, y lo sabemos, así que mejor por qué no...

ÁNGELES
　¿Ah, sí? ¿No voy a matar a nadie?

SAN JAVIER
　No. Claro que no.

ÁNGELES *dispara contra la pierna de* MARÍA FERNANDA. *Gritos. El tiro no sale. Se desespera. Vuelve a disparar, una, dos, tres veces contra* ARTURO *y* MARÍA FERNANDA. *No hay balas.* SAN JAVIER *muestra las balas que están en su bolsillo.* ÁNGELES *se deja caer, y se deja quitar el arma. Silencio. La situación es vergonzosa. Silencio.* SAN JAVIER *se pone su abrigo, con enorme cuidado de no mirar a nadie a la cara.* ÁNGELES *lo llama con una seña y le pide que se acerque. Él accede.* ÁNGELES *musita algo inaudible, al borde del llanto. Él no la entiende. Acerca más el oído.*

SAN JAVIER
　¿Qué?

ÁNGELES
　(Musita.)
　Si no querés que te baje a abrir.

SAN JAVIER
　No, no. Está bien. No te preocupes.
　(Se aleja de ella, recoge su maletín, sus últimas cosas.)

ÁNGELES
　(A todos, pero en voz muy baja.)
　Yo voy a ser más buena. Voy a ser más buena.

MARÍA FERNANDA, *aún en un estado muy alterado, mete las manos en los bolsillos de la bata, y saca un rollito de dólares. Todos lo ven.* ÁNGELES *estalla en lágrimas.* MARÍA FERNANDA *le da el dinero a* ARTURO. ARTURO *lo cuenta, pero es más bien una excusa para bajar la mirada.* SAN JAVIER *los mira una última vez, y sale por la puerta principal.*

ÁNGELES
(Por los billetes que ARTURO *sostiene mecánicamente en sus manos.)*
Me decías: "Guardalos en las Lo Sé Todo", "Guardalos en las Lo Sé Todo", se ve que me gritabas "¡Guardalos, guardalos!", y se ve que yo... no sé... me olvidé...
*(*ÁNGELES *abandona su lugar y sale lentamente para ir a refugiarse en la cocina.)*

ESCENA 18

LEANDRA
Llevate estas camisas de dormir, también. En Milán hará frío, y podés usarlas debajo del traje de otón.

SMEDEROVO
Estas camisas son tuyas, Leandra. Son de mujer.

LEANDRA
Hará frío.

SMEDEROVO
Aquí también.

LEANDRA
El frío de Milán es húmedo. No se hable más del tema. Te las pongo aquí. *(Las guarda en la valija.)*

SMEDEROVO
¿De qué estás tratando de cuidarme? *(Pausa.)* Sentémonos un segundo, Leandra. Sos una mujer inteligente. Los dos somos personas inteligentes.

LEANDRA
No lo digas así. No seas soberbio.

SMEDEROVO
Digo la verdad.

LEANDRA
Ahora, decís la verdad. Ahora, que Anja está muerta.

SMEDEROVO
No decir una cosa no necesariamente es mentir.

LEANDRA
Le mentiste para lograr tu objetivo. Y ya está, ya lo lograste. No pierdas más tiempo. *(Silencio.)*

SMEDEROVO
Lamento más que nadie todo esto. Yo no maté a Terzov. Y Anja se suicidó porque no podía vivir sin él.

LEANDRA
Yo tampoco.

SMEDEROVO
Esto es absurdo. Terzov nunca te trató con cariño. Yo lo sé.

LEANDRA
¿Y por qué tendría que haberlo hecho? Yo tuve de él lo que me merecía. ¿Querías que habláramos como dos personas inteligentes? Muy bien. Terezov hubiera...

SMEDEROVO
¡Terzov! ¡Terzov! ¿Hasta cuándo vamos a seguir midiendo el mundo y sus contornos según su maldita voluntad?

LEANDRA
Ya ves. No es posible hablar del tema. Dejemos las cosas como están. ¡Si pudiéramos volver atrás!

SMEDEROVO
Repetiríamos los mismos errores. ¿Sabés qué es lo que me aterra?

LEANDRA
Sí.

SMEDEROVO
No. No lo sabés.

LEANDRA
Bueno. ¿Qué?

SMEDEROVO
Pienso si no estaremos haciendo todo esto solamente movidos por el temor de ser pobres toda la vida.

Pausa.

LEANDRA
No lo sé. Pero hay que tener coraje para aceptar que siempre seremos pobres. Anja lo tuvo. Y yo tendré ese coraje.

SMEDEROVO
No sé si he leído bien estas líneas. *(Por la novela de Terzov.)*

LEANDRA
Sí. Vas a llegar a Milán y vas a lograr que esta novela vea la luz. Esta novela es más importante que todos nosotros Ya ni siquiera importa que no te hagas rico con ella.

SMEDEROVO
Lo hice por dinero. ¿Qué puedo hacer yo... con el dinero?

Pausa.

LEANDRA
Es mejor que te vayas ahora. Va a dar el toque de queda.

SMEDEROVO
Voy a estar tan solo.

LEANDRA
Pero ahora hay que tener coraje y cambiarlo todo. Por eso te vas.

SMEDEROVO
¿Vas a estar bien?

LEANDRA
Sí.

SMEDEROVO
¿Tus flores? ¿Van a estar bien?

LEANDRA
Sí. Ya casi es primavera. No te preocupes por enviarme dinero. No lo hagas. No ese dinero. Yo voy a arreglarme.

SMEDEROVO
Ya entendí. ¿No vas a cambiar de idea?

LEANDRA
Aquí me quedo. ¿Qué haría yo en Milán? Milán no es mi patria.

SMEDEROVO
Esto tampoco.

LEANDRA
Hasta ahora. Hasta que él yace aquí. Él es un ancla. Lo único que necesito es saber que vas a publicar su obra.

SMEDEROVO
Lo prometo.

LEANDRA
Lo demás no tiene ninguna importancia. Llevate las camisas. Y el corbatín de Terezov. Tenés que estar elegante. Causar una buena impresión. Que no sepan de dónde venís. Alzar bien la cabeza. Como si fueras él.

SMEDEROVO
Como si fuera él.

Se escuchan a lo lejos algunas detonaciones. Suena el toque de queda.

LEANDRA
Estoy muy feliz. Dentro de todo. Feliz de que entiendas.

SMEDEROVO
Bueno. Tengo que publicar una novela. Ya me voy a ir.

LEANDRA
No mires hacia atrás.

SMEDEROVO
No.

LEANDRA
¿Tenés el permiso? No te olvides el permiso de residencia.

SMEDEROVO
No, aquí lo tengo. Está todo garabateado, pero es legible. En este papel Terzov quiso que quedaran sus últimas palabras. "El agua / a la que desde ahora yo sobre / no tendrá tampoco / a mis hijos / que beban de ella." Llegaré a Milán. Haré buenos arreglos, soy bueno para eso. Encontraré un trabajo como médico, un trabajo temporario, porque hay que ver que soy tanto un buen médico como un pésimo lector.

LEANDRA
No digas eso.

SMEDEROVO
Y cuando el cirujano en jefe reconozca mi acento y pida

ver mi permiso, extenderé ante él este documento. "Éste es mi permiso", le diré. Al cirujano en jefe.

LEANDRA
No mires para atrás.

SMEDEROVO
Por lo demás, tendré una vida apagada. Y quizás no vuelva nunca sobre mis pasos. Me voy. Y esta impotencia me acompañará siempre. *(Carga su valija.)* Hay que tener coraje, es cierto, pero ¿sabés una cosa? Los gustos cambian. Es horrible. Milán es grande. *(Sale casi sin mirarla.)*

LEANDRA, *sola, observa la casa en ruinas. Casi automáticamente levanta algunos restos de vidrios, acomoda alguna lámpara. Va al segundo cajón, lo abre y se detiene, extrañada. Efectivamente ha encontrado allí un martillo. Lo saca y lo observa con detenimiento. El toque de queda ha terminado de sonar. Se intensifican las sirenas, y a lo lejos destellan algunas detonaciones aisladas. Súbitamente va hacia la mesa, y destroza sus macetas llenas de flores. Una a una, empuñando el martillo con ambas manos, frenéticamente, hace saltar por el aire las endebles macetas de barro, la tierra seca, los pétalos descoloridos.*
El apagón final coincide con la irrupción del Concierto de Górecki, que suena por unos segundos. Después, silencio.

CRONOLOGÍA DE LA OBRA DE RAFAEL SPREGELBURD
(Según orden de escritura)

1990: *Destino de dos cosas o de tres*
Escrita en noviembre de 1990, en 1992 recibió por esta obra el Primer Premio Nacional de Dramaturgia en la categoría de autores no estrenados, otorgado por la Secretaría de Cultura de la Nación. La obra sería luego estrenada en 1993 en el Teatro Municipal San Martín, con dirección general de Roberto Villanueva, y las actuaciones de Emilia Mazer, Emilio Bardi y Martín Adjemián. Música original: Francisco Kröpfl. Iluminación: Jorge Pastorino. Escenografía y vestuario: Marta Albertinazzi. Asistencia de dirección: Marta Barnils.
Se han hecho puestas de la obra en Buenos Aires, Montevideo, Paraná, Mendoza, Campana y Salta, entre otras.

1992: *Cucha de almas*
En 1997 recibe el Primer Premio Municipal de Dramaturgia de la Ciudad de Buenos Aires por su pieza *Cucha de almas*, ganadora en el bienio 1992-3, siendo entonces el autor nacional más joven en lograr esta distinción. *Cucha de almas* había obtenido previamente una Mención Honorífica otorgada por la Secretaría de Cultura de la Nación en el rubro Comedia del último cuatrienio. La pieza había sido estrenada en 1992 como coproducción del Teatro Colón, el Teatro Municipal General

San Martín y la Escuela Municipal de Arte Dramático, con dirección de Eduardo Gondell. Actuaban en el montaje: Leo Granulles, Celina Andaló, Cecilia Sosa, Sonia Cutri, Ciro Zorzoli, Rosana Mosca, Juliana Orihuela, Marina Gutiérrez, Sonia Gajnaj, Patricia Lema, Carlos M. Carlucci, Liliana Rozemberg, Diego Serra, Mariel Lewitan, José Mehrez y Alberto San Juan. Gráfica: Isol. Música original: Guillermo Pessoa y Ciro Zorzoli. Luces: Raúl Arrieta y Eduardo Gondell. Escenografía: Natalia Andaló y Eduardo Gondell. Vestuario: Natalia Andaló. Maquillaje: Hugo Grandi. Coordinación de producción: José Bove. Director asistente: Alberto San Juan.
También montada en la ciudad de Mendoza (por el grupo Viceversa), en Tucumán, y en otras localidades del interior del país.

1992: *Remanente de invierno*

Con *Remanente de invierno*, de la que es autor y también director, obtuvo los siguientes Premios: Argentores '96 (Nuevas Dramaturgias), Mención Especial en el Concurso Nacional de Dramaturgia, Mención Honorífica del Fondo Nacional de las Artes y Mención Especial de la Comisión Encuentro de Escritores Patagónicos.

Estrenada en la sala ETC del Centro Cultural San Martín el 18 de mayo de 1995, y luego reestrenada al año siguiente en el Rojas, en ambas ocasiones con dirección de Spregelburd y actuaciones de Andrea Garrote, Mónica Raiola, Máximo Lazzeri, María Inés Sancerni, Alfredo Martín, Javier Lorenzo, Silvia Hilario, Gabriel Levy y Néstor Losada. Traducción de textos al latín: Constanza Burucúa. Fotografía: Federico Zypce y Patricia Di Pietro. Música original y efectos: Federico Zypce. Escenografía y luces: Federico Zypce y Rafael Spregelburd. Utilería y

gráfica: Isol. Producción artística: Corina Cruciani. Asistencia de dirección: Eugenia Capizzano y Alejandra Cosin. También fue montada en la ciudad de Mendoza por el grupo Viceversa. La obra fue traducida al francés por Dorothée Suárez, e integra un volumen de teatro argentino contemporáneo publicado en Francia en ocasión del Festival de Avignon de 1999.
También montada por el grupo Viceversa en Mendoza, en Neuquén, y en diversas adaptaciones en el interior del país.

1993: *Estafeta, reseña de una pequeña estafa*
Obra inédita, no estrenada.

1993: *Moratoria*
Estrenada en noviembre de 1995 por Vilma Rodríguez, como trabajo de graduación de la Escuela Nacional de Arte Dramático. Actuaron: Lula Rovatti, Lorena Romanini, Gabriel Virtuoso y Lizet García Grau. Presentada también en el Teatro Regio, durante el evento "Cuando el arte ataca", julio de 1996.

1993: *La tiniebla*
Obtuvo el Primer Premio de la Facultad de Psicología de la UBA por *La tiniebla*, estrenada en Buenos Aires en 1994 en coproducción de la UBA y el Teatro Municipal San Martín. Elenco: Ana María Pittaluga, Fogonazo Lareo, Jorge Sánchez y Corina Romero. Diseño de sonido: Pablo Schenquerman. Fotografía: Carlos Flynn. Escenografía e iluminación: Adán Castagnani. Asistente de dirección: Florencia Milli. Dirección: José María Gómez. La obra también fue estrenada en 1997 en la ciudad de Bogotá y en 1998 en Río Gallegos, Paraná y San Luis (Argentina).

1994: *Dos personas diferentes dicen hace buen tiempo*
Es autor, director e intérprete (junto a Andrea Garrote en los tres roles) del espectáculo *Dos personas diferentes dicen hace buen tiempo*, inspirado libremente en relatos de Raymond Carver, premiado en Buenos Artes Joven'94.
Actuación, dramaturgia y dirección: Andrea Garrote y Rafael Spregelburd. Música: Federico Zypce. Fotografía: Patricia Di Pietro. La obra estuvo en cartel durante todo 1995 en el Centro Cultural Ricardo Rojas, y fue luego invitada a integrar la programación de la Sala Beckett (de Barcelona) que dirige el dramaturgo José Sanchis Sinisterra, y Moma Teatre (de Valencia). También viajó al II Festival Internacional de Teatro de Porto Alegre, Mercosul Em Cena, en 1995, en representación de la Argentina. En 1997 se presentó en el XIX Festival de Teatro de Manizales (Colombia). En 1998 es reestrenada en el marco del Festival del Rojas, en Buenos Aires (septiembre), e invitada al Festival de Málaga (enero), al Festival Iberoamericano de Bogotá (abril), al FIT Festival Internacional de Cádiz (octubre), y al Festival de Otoño de Madrid (noviembre) además de diversas funciones en la provincia de Sevilla y otras ciudades españolas (Aranjuez, León, Valdemoro, Santander, Valladolid). En julio de 1999, la obra se presenta en el Festival de Almada (Portugal).

1995: *Canciones alegres de niños de la patria*
Obra breve, estrenada en septiembre de 1999 por Enrique Vellio en el Teatro del Sur, de Río Gallegos. La obra fue encargada por el Festival de la Naissance, Nimes, Francia, en 1998 y la traducción estuvo a cargo de Françoise Thanas.

1995: *Entretanto las grandes urbes*
En 1994 recibió por concurso la adjudicación de la Beca a la Producción Artística (rubro Letras y Pensamiento) del Fondo Nacional de las Artes, para la escritura de la pieza *Entretanto las grandes urbes*, que fue estrenada luego, bajo la dirección de Vilma Rodríguez, en junio de 1997. Elenco: Ana Garibaldi, Pablo Caramelo, Irina Alonso y Muriel Santa Ana. Dramaturgista: Marcelo Bertuccio. Escenografía: Magalí Perel / Liliana Medela Luces: Alejandro Le Roux. Asistente: Geraldine Perel.
En 1999 la obra recibe el *Tercer Premio* en el Concurso Nacional de Dramaturgia, en la categoría de autores estrenados en el cuatrienio.

1996: *Varios pares de pies sobre piso de mármol*
Es co-traductor, y adaptador (junto a Gabriela Izcovich y Julia Catalá) de la versión que incluye los textos *Traición* y *Viejos tiempos*, de Harold Pinter, y que fuera dirigida por él mismo bajo el título *Varios pares de pies sobre piso de mármol*. La obra fue estrenada en julio de 1996 en el Centro Cultural Borges, y luego invitada a participar del evento «Otoño Pinter» en Barcelona en noviembre y diciembre de ese año. El material, considerado una verdadera rareza dado que es la primera adaptación que Harold Pinter ha autorizado y avalado, fue reestrenado en marzo de 1997 en el British Arts Centre de Buenos Aires, que se inauguró con esta reposición. La obra fue invitada a los Festivales de Teatro de Manizales (1997) y Bogotá (1998), ambos en Colombia. Elenco: Gabriela Izcovich, Julia Catalá, Luis Machin y Alejandro Vizzotti. Música: Federico Zypce. Iluminación: Rafael Spregelburd. Escenografía y vestuario: Julia Catalá, Gabriela Izcovich y Rafael Spregelburd.

1996: *Raspando la cruz*

Escribe y dirige *Raspando la cruz*, en la que también actúa, estrenada en el Centro Cultural Ricardo Rojas en junio de 1997. Elenco: Ruy Krygier, María Onetto, Alfredo Martín, Mónica Raiola, María Inés Sancerni, Gabriela Izcovich, Alberto Suárez, Pablo Ruiz, Julia Catalá, María de los Ángeles Salvador, Máximo Lazzeri y Rafael Spregelburd. Música: Federico Zypce. Iluminación: Rafael Spregelburd. Fotografía: Patricia Di Pietro. Asistencia de dirección: Alejandra Cosin. Esta obra fue elegida para el encuentro Oltrebabele Euroamerica realizado en Firenze, Italia, en mayo de 1998, y en el que se tradujeron obras de autores latinoamericanos. En el caso de *Raspando la cruz*, la obra fue traducida al italiano (Lia Ogno), alemán (Almuth Fricke) y neerlandés (Bart Vonck). Fue leída en público también durante el Festival Iberoamericano de Bogotá de 1998. Y en el encuentro de Teatro Argentino Contemporáneo organizado por el Vlaams Theater Instituut en Bruselas, 1998.

1996: *Cuadro de asfixia*

Por su obra *Cuadro de asfixia*, estrenada en junio de 1996 por Luis Herrera, obtuvo un premio del Fondo Nacional de las Artes. Elenco: Horacio Marassi, Alejandro Vizzotti, Marta Haller y Néstor López.

1996: *Decadencia*

Ha hecho la traducción y adaptación (esta última junto a Ingrid Pelicori) de la pieza *Decadencia*, del británico Steven Berkoff, que fue dirigida por Rubén Szuchmacher en el Teatro Municipal General San Martín (1996), y al año siguiente por Verónica Oddó en Santiago de Chile. Estrenada también por César Campodonico en Montevideo (1997). Esta traducción le valió el premio *Teatro del Mundo*, durante las IV Jornadas de Teatro Comparado de la Extensión Cultural de la Universidad de Buenos Aires.

1996: *Heptalogía de Hieronymus Bosch: 1. La inapetencia*

Primera parte de la Heptalogía de los pecados capitales, esta obra no ha sido estrenada.

Ha sido leída en público en el Festival Internacional de Teatro de Caracas (2000) con dirección de Spregelburd, y también en la semana de presentaciones de Previews del Deutsches Schauspielhaus de Hamburgo, de cuyo plantel Spregelburd formará parte durante 2001 como dramaturgo invitado. Traducida al inglés por Gwynne Edwards y Rafael Spregelburd. Traducida al alemán por Dieter Welke.

1997: *Motín*

En diciembre de 1997 estrena *Motín*, una obra dentro del marco del *Proyecto museos*. El proyecto está impulsado por el CET (Centro de Experimentación Teatral del Rojas) y propone a tres directores distintos trabajar sobre diversos museos. *Motín*, que Spregelburd co-dirige con el músico Federico Zypce, está basado en la investigación realizada sobre el Museo Penitenciario y en textos teóricos de Eduardo Del Estal. No hay escritura en el sentido tradicional de la palabra dentro de este espectáculo, que está hecho sobre la idea de montaje de retazos de entrevistas y otros materiales textuales no dramáticos.

1997: *Heptalogía de Hieronymus Bosch: 2. La extravagancia*

En junio de 1997, Rubén Szuchmacher dirige *La extravagancia*, que junto con un texto de Daniel Veronese integra el espectáculo *Reconstrucción del hecho*, interpretado por la actriz

Andrea Garrote. Dicha obra se presenta en Casa de América de Madrid en enero de 1998. Y luego en 1999, en la ciudad española de Oviedo y en el Festival de Otoño de Madrid. La obra ha sido traducida al portugués por Raúl Antelo y la actriz Alejandra Herzberg. *La extravagancia* fue traducida al francés por Françoise Thanas y Dorotheé Suarez, miembros de la Fundación Antoine Vitez de Francia. Traducida al italiano por la directora Alejandra Manini, quien la estrenó en Italia en 2000.

1998: *A la griega*

Ha traducido y adaptado *Greek*, también de Steven Berkoff. Su estreno tuvo lugar en agosto de 1998, bajo la dirección de Francisco Javier, y una vez más estuvo ternado para el premio *Teatro del Mundo*, como traductor de esta obra, durante las V Jornadas de Teatro Comparado de la UBA. En 1999, la misma versión de este texto es estrenada en Montevideo por Alfredo Goldstein.

1998: *Satánica*

Obra breve, no estrenada, escrita originalmente para formar parte del espectáculo *Les confessions*, dirigido por Michel Dydim en Francia. El texto no fue incluido finalmente por cuestiones de formato en el Festival de La Mousson D'Été, Pont-à-Mousson. Traducción al francés de Françoise Thanas. Lectura pública del monólogo a cargo de Andrea Garrote en el evento "Poesía de dramaturgos", en el Centro Cultural Ricardo Rojas, en 1998.

1998: *Estado*

Obra breve, no estrenada, escrita como trabajo en residencia durante la estadía en el Royal Court Theatre de Londres. Traducida al inglés por Mary Peate y Rafael Spregelburd.

1999: *Heptalogía de Hieronymus Bosch: 3. La modestia*
Dirigida por el autor en abril de 1999 en el Teatro Municipal San Martín de Buenos Aires. La obra fue reestrenada en agosto del mismo año en el Teatro Babilonia y en octubre de 2000 en el Callejón. Seleccionada para integrar la programación del II Festival Internacional de Buenos Aires. El texto de la obra fue elegido por la Casa de América de Madrid para un ciclo de lecturas dramatizadas dentro del programa *"Nueva Dramaturgia Argentina"* que tuvo lugar entre febrero y marzo de 1999. La lectura de la obra fue dirigida por José Sanchis Sinisterra. La puesta en escena de Spregelburd, junto a su grupo "El Patrón Vázquez", se presentó en noviembre de 1999 en el Festival de Otoño de Madrid. Invitada en septiembre 2000 al Festival de Teatro de Manizales, Colombia. *La modestia* ha recibido las siguientes distinciones: Premio GETEA – Teatro XXI a la Mejor Obra Dramática de Autor Argentino, 1999; Premio GETEA – Teatro XXI a la Mejor Actriz (Andrea Garrote), 1999; Terna del Premio Municipal Trinidad Guevara, Mejor Obra de Texto, 1999; Premio Trinidad Guevara a la Mejor Actuación Femenina de Reparto (Andrea Garrote), 1999; Terna del Premio María Guerrero, 1999; Terna del Premio Florencio Sánchez, otorgado por la Casa del Teatro, 2000; Premio Diario Clarín a la Mejor Obra de Autor Nacional, 1999; Premio Diario Clarín a la Mejor Música Original (Nicolás Varchausky), 1999; Terna de los Premios María Teresa Costantini para las actrices Andrea Garrote y Mirta Busnelli.
Elenco: Andrea Garrote, Mirta Busnelli, Héctor Díaz y Alberto Suárez. Música: Nicolás Varchausky. Luces: Alejandro Le Roux. Escenografía: Oria Puppo. Vestuario: Carolina Valente. Asistencia de dirección: Alejandro Zingman. Dirección: Rafael Spregelburd.

1999: *Diario de trabajo*

En noviembre de 1999 se estrena *Proyecto Brecht*, un espectáculo coproducido por el Teatro Municipal San Martín y el teatro Babilonia, con coordinación general de Alejandro Tantanian, en el cual se convoca a diversos artistas a participar con diferentes aportes teatrales en torno de la figura de Bertolt Brecht. Dentro de este marco, Spregelburd adapta, dirige y actúa junto a Matías Feldman un trabajo basado en los *"Arbeitsjournal"* de Brecht: *Diario de trabajo*. Otros artistas que integran el espectáculo son: Javier Daulte, Ignacio Apolo, Isol, Federico Zypce, Luciano Suardi, Rubén Szuchmacher, Marcela Ferradás, Anahí Martella, Oria Puppo, Alejandro Le Roux, Marcelo Bertuccio, Alicia Leloutre, Alejandra Alzáibar, Pablo Szapiro, Laura Yusem, entre otros. La estructura "modular" del espectáculo fue pensada para poder hacer rotar las diversas colaboraciones, incluyendo a artistas invitados, también como parte de los festejos por los 10 años del Teatro Babilonia.

2000: *La escala humana*

Este texto, escrito junto a Javier Daulte y Alejandro Tantanian se estrenará en mayo de 2001 en el teatro Callejón, como producción del Hebbel-Theater de Berlín y el Teatro San Martín de Buenos Aires, bajo la dirección de los tres autores. Elenco: Rafael Spregelburd, María Onetto, María Inés Sancerni, Héctor Díaz y Gabriel Levy. Música: Nicolás Varchausky. Escenografía: Jorge Macchi. Iluminación: Diego Angeleri.

2000: *DKW y Plan canje*

Se trata de dos espectáculos estrenados en junio del 2000 por el Grupo Caos de la ciudad de Bahía Blanca. Spregelburd coordinó el trabajo de dramaturgia (hecho como creación colectiva junto al grupo) y se hizo cargo de la dirección. El grupo está integrado por Raúl Lázaro, Débora Dejtiar, Marcelo Marzoni, Lorena Forte, Luciano Lucagnoli, Gabriela Predan, Ricardo Serón, Hugo Ledesma, Ana Julia Nebbia, Natalia Martirena y Dolores Hernández.

2000: *Fractal*

En agosto del 2000 se adelanta en el Teatro Rojas *Fractal,* como trabajo en proceso. Su estreno está programado para octubre del 2000, en el mismo teatro. Se trata de otro trabajo de creación colectiva de los talleres de actuación de Spregelburd. El elenco está integrado por Matías Feldman, Emma Rivera, Laura López Moyano, Agustina Madero, Hernán Lara, Luis Biasotto, Débora Dejtiar, Valeria Correa, Corina Cruciani, Laura Paredes, Elisa Carricajo, Ileana Levy, Luis Sosa Arroyo, Viviana Vázquez. Escenografía: Verónica Lavenia. Musicalización: Nicolás Varchausky. Luces: Rafael Spregelburd. Producción: Corina Cruciani y Paco Fernández Onnainty. Asistente de dirección: Paco Fernández Onnainty. Dirección: Rafael Spregelburd.

2000-2001: *Heptalogía de Hieronymus Bosch: 4. La estupidez.*
A partir de diciembre del 2000 trabajará en el Deutsches Schauspielhaus de Hamburgo, como dramaturgo invitado, sobre la concreción del proyecto de escritura de la cuarta parte de su Heptalogía sobre los pecados capitales: *Heptalogía de Hieronymus Bosch: 4. La estupidez.*

PUBLICACIONES

Un primer volumen (edición del autor, 1995) reunió cinco piezas de Spregelburd bajo el título general de *Teatro incompleto/1*. Estas obras fueron *Destino de dos cosas o de tres, Cucha de almas, Remanente de invierno, La tiniebla y Entretanto las grandes urbes*.

Como integrante del grupo de autores *CARAJA-JI*, incluyó su pieza *Raspando la cruz* en un volumen colectivo editado por el Centro Cultural Rector Ricardo Rojas de la Universidad de Buenos Aires en 1995. Una segunda publicación del grupo (*CARAJA-JI 2 / La disolución*, aparecida en octubre de 1997) dio a conocer su pieza *La extravagancia*, primera obra editada de las siete que integran la *Heptalogía de Hieronymus Bosch*.

La inapetencia, también parte de la *Heptalogía*, fue publicada en la edición de octubre de 1997 de *Teatro XXI*, revista del grupo GETEA. Más tarde fue recogida en el libro *Teatro argentino*, de Editorial Tierra Firme (2000), junto a textos de Daniel Veronese, Alejandro Tantanian, Luis Cano, Cecilia Propato y Alfredo Rosenbaum.

Su obra *Canciones alegres de niños de la patria* ha sido publicada en la revista *Piedra Imán* de La Paz, Bolivia. La traducción al francés de su obra *Remanente de invierno ("Les restes de l'hiver")*, a cargo de Dorothée Suárez, integra un volumen de Teatro Argentino Contemporáneo editado en Francia a instancias de la Maison de Traduction Antoine Vitez y la editorial Du Théâtre, y presentado en ocasión del Festival de Théâtre de Avignon de 1999: *Argentine. Écritures dramatiques d'aujourd'hui*. La Colección Teatro Vivo, de Buenos Aires, recogió *Cuadro de asfixia* (2000).

Se puede encontrar más información sobre las obras y trabajos de Rafael Spregelburd en www.autores.org.ar/spre

J.D.

ÍNDICE

Nota del autor a la presente edición 5
"La tabla de los pecados", del Bosco 11

I.   LA INAPETENCIA 23
II. LA EXTRAVAGANCIA 63
III. LA MODESTIA 87